PEREGRINOS DE LA ESPERANZA

Materiales de trabajo para el Jubileo 2025

Textos de la bula de convocatoria del Jubileo 2025
Spes non confundit, del **papa Francisco**
y de la encíclica *Spe salvi*, del **papa Benedicto XVI**,
con propuestas para trabajar personalmente y en grupo.

Comisión Regional de Catequesis de Aragón
Herminio Otero

Dirección editorial
Francisco Javier Navarro

Coordinación editorial
Mario González Jurado

Edición
Herminio Otero

Portada
Estudio SM

Maquetación
MT Color & Diseño, S.L.

PPC Colombia
Carrera 85K Nº 46ª – 66 Oficina 502
Complejo logístico San Cayetano – Bogotá, Colombia

PPC España
Urbanización Prado del Espino
Impresores, 2 28660 Boadilla del Monte (Madrid)
ppcedit@ppc-editorial.com
www.ppc-editorial.es

PPC Editorial siglo A. de C. V.
Magdalena 211. Col. del Valle. Del. Benito Juárez.
C. P. 03100 D. F. México
ppc-editorial.com.mx/

Comercializa: PPC Editorial y Distribuidora, SA

ISBN: 978-84-288-4210-5
Depósito legal: M-18626-2024
Impreso en la UE / *Printed in EU*

El próximo 24 de diciembre de 2024 con la apertura de la puerta santa en la Basílica de San Pedro dará comienzo el Jubileo ordinario del año 2025. El papa Francisco nos convoca a emprender este camino de conversión bajo el signo de la esperanza. El sucesor de Pedro desea que nos pongamos en camino y que avivemos en nosotros la esperanza que no defrauda (*Rom* 5,5).

En la bula de convocación el Papa desea que este Jubileo sea «para todos un momento de encuentro vivo y personal con el Señor Jesús» (*Bula* 1) que nos lleve a renovar nuestra misión de anunciar siempre a Jesucristo como "nuestra esperanza" (*1 Tim* 1,1).

El Año Santo 2025 es una gran oportunidad para reavivar nuestra fe, nuestra comunión eclesial y el testimonio público.

Vivir el Año Santo de la Esperanza es vivir la unidad de las virtudes teologales que expresan la esencia de la vida cristiana ya que «en su dinamismo inseparable, la esperanza es la que, por así decirlo, señala la orientación, indica la dirección y la finalidad de la existencia cristiana» (*Bula* 18). Necesitamos avivar la esperanza en estos tiempos recios, necesitamos que «sobreabunde la esperanza» (*Rom* 15,13) para que la fe sea gozosa y la caridad entusiasta.

El próximo Jubileo es un regalo del Espíritu Santo que dirige sabiamente la nave de la Iglesia y nos recuerda siempre lo que nos constituye como comunidad. Es el Espíritu Santo el verdadero protagonista de la peregrinación interior que todos estamos llamados a realizar para ser piedras vivas del edificio de Dios, constructores pacientes del Reino de Dios. El Espíritu Santo «con su presencia perenne en el camino de la Iglesia, es quien irradia en los creyentes la luz de la esperanza... y la mantiene encendida como una llama que nunca se apaga» (*Bula* 3). De esta manera, la paciencia se presenta como el gran fruto que hemos de pedir en este Jubileo para nuestras comunidades y para todos los evangelizadores.

Igualmente, los próximos meses se presentan como un tiempo para redescubrir los signos de los tiempos que el Señor nos regala. En ellos están contenidos «los anhelos del corazón humano, necesitado de la presencia salvífica de Dios» (*Bula* 7). Estos signos requieren ser transformados en signos y llamamientos de esperanza. Todos los bautizados estamos invitados en este Jubileo a engendrar esperanza, a ser signo del amor misericordioso de Dios en todos los ambientes sociales, pero especialmente en los lugares donde el hombre vive sin esperanza.

Para profundizar en la virtud de la esperanza y en los retos evangelizadores que nos lanza la vivencia del Jubileo, la Comisión Regional de Catequesis de Aragón en colaboración de PPC nos ofrecen este volumen que tienes en tus manos. Se trata de una edición especial de la encíclica de Benedicto XVI *Spe salvi*, pensada para agentes de pastoral y grupos cristianos. A través de los subrayados y de las pautas de trabajo nos podremos adentrar en este texto del magisterio centrado en la esperanza. Igualmente, en este volumen encontraras el texto íntegro de la Bula *Spes non confundit* de convocación del Jubileo que nos enmarca el trabajo.

Agradezco de corazón el esfuerzo de las Delegaciones de Catequesis aragonesas por ofrecernos este material de formación permanente que, aunque pensado inicialmente para catequistas, puede servir para la formación de otros miembros de nuestras comunidades. Deseo igualmente reconocer y agradecer el trabajo fiel de tantos catequistas, agentes de pastoral y laicos en general que dedican su vida a la transmisión de la fe, siendo realmente testigos de esperanza.

Pidamos a Santa María, Madre de la esperanza que nos siga sosteniendo y animando en la tarea de ser sal y luz del mundo, peregrinos de esperanza.

Con mi afecto y bendición.

Carlos Escribano Subías
Arzobispo de Zaragoza

REDESCUBRIR, ANUNCIAR Y CONSTRUIR LA ESPERANZA

El 9 de mayo de 2024 el papa **Francisco**, en su homilía de convocación de Jubileo 2025 nos invitaba a «celebrar, acoger y anunciar al mundo entero en el próximo Jubileo» la esperanza –enraizada en Cristo muerto y resucitado– que no es un mero optimismo sino «una realidad ya realizada en Jesús y que se nos comunica también a nosotros cada día, hasta que seamos uno en el abrazo de su amor». Él mismo señalaba los efectos de esa esperanza cristiana –ese don que el Señor nos ha dado con el Bautismo– y los concretaba así:

- «Sostiene el camino de nuestra vida, incluso cuando se vuelve tortuoso y difícil.
- Abre ante nosotros horizontes de futuro cuando la resignación y el pesimismo quisieran tenernos prisioneros.
- Nos hace ver el bien posible cuando el mal parece prevalecer.
- Nos infunde serenidad cuando el corazón está agobiado por el fracaso y el pecado.
- Nos hace soñar con una humanidad nueva y nos infunde valor para construir un mundo fraterno y pacífico, cuando parece que no vale la pena comprometerse».

Y nos invitaba a «convertirnos en cantores de esperanza en una civilización marcada por un exceso de desesperación. Con los gestos, con las palabras, con nuestras elecciones cotidianas, con la paciencia de sembrar un poco de belleza y de amabilidad en donde quiera que estemos, queremos cantar la esperanza, para que su melodía haga vibrar las cuerdas de la humanidad y despierte en los corazones la alegría, despierte la valentía de abrazar la vida». Todo un programa que queremos también hacer nuestro.

Este programa lo concretó en la bula *Spes non confundit* con propuestas para llevar a cabo durante el Jubileo 2025. En ellas queremos centrarnos.

Y lo hacemos a partir de un material preparado inicialmente, en su estructura y desarrollo fundamental, por la Comisión Regional de Catequesis de Aragón (CRCA) para ayudar a la formación de los catequistas y agentes de pastoral en las comunidades parroquiales, arciprestazgos o unidades pastorales.

En nuestro caso, además de trabajar con la bula del papa, que es concreta y muy sugerente, proponemos profundizar en la esperanza a partir de la encíclica *Spe salvi*, de Benedicto XVI, que nos ayudará a descubrir el sentido profundo de la esperanza cristiana. Para ello proponemos centrarnos en el contendido de la encíclica en seis sesiones y ofrecemos propuestas de trabajo que nos ayuden a hacerlo personalmente y en grupo.

Así, este mismo material puede servirnos también a los agentes de pastoral y a todos los implicados en la evangelización en las comunidades cristianas a «redescubrir la esperanza, anunciar la esperanza y construir la esperanza» –como concluía el papa Francisco su homilía– durante el Jubileo 2025 y durante toda nuestra vida.

Herminio Otero

PISTAS PARA EL TRABAJO PERSONAL Y COMUNITARIO

Después de estas pistas de trabajo ofrecemos el texto completo de la homilía del papa Francisco de convocación del Jubileo ordinario del año 2025 y el texto de la bula *Spes non confundit*, con la que lo convoca..

E incluimos la carta encíclica *Spe salvi* de Benedicto XVI, sobre la esperanza cristiana, que será el objeto principal de esta publicación. En esta encíclica diferenciamos cada uno de los apartados como si fuera un capítulo.

Detrás de cada uno de estos apartados y también de la bula *Spes non confundit* proporcionamos algunas pautas de trabajo tanto en el plano personal como grupal, así como apuntes y materiales de cara a la profundización, interiorización y oración celebrativa. Presentamos aquí el esquema general que conviene tener en cuenta para no repetirlos en cada apartado.

La encíclica *Spe salvi* está distribuida en seis apartados en los que podemos centrarnos en seis sesiones distintas. Pero consideramos necesario tener otra sesión especial, ya sea al principio o al final de la formación, en la que abordemos lo que el papa Francisco señala sobre el Jubileo.

DE UN VISTAZO

Al principio de cada propuesta de trabajo ofrecemos un cuadro síntesis del contenido del apartado respectivo.

- Este cuadro no contiene todos los elementos de la bula o de la encíclica. Presenta solo un marco general para ubicarnos en el contenido que vamos a tratar. Por eso se puede ver al iniciar el trabajo, tanto personal como en grupo, para hacerse una idea general.

- También se puede aludir a él a la hora de compartir en grupo el trabajo personal de modo que nos sirva de referencia o guía.

- Y sobre todo se puede retomar al finalizar el trabajo para ver lo que hemos hecho y agregar los aspectos que han resultado más significativos. Así terminaría siendo un cuadro personalizado de las ideas centrales.

SENTIDO

Unos breves párrafos, elaborados por la Comisión de Catequesis de Aragón –lo mismo que las preguntas específicas y algunas oraciones–, sitúan el sentido de cada apartado de la encíclica. Podemos tenerlos en cuenta tanto antes de la lectura personal como antes del trabajo en grupo.

En este caso nos parece interesante contar con un breve análisis de **José Ignacio Calleja Sáenz de Navarrete,** tomado de su blog *La mirada samaritana*, aparecido en *Religión Digital* el 3 de diciembre de 2007, nada más publicarse la encíclica ["Diez claves de la *Spe salvi* de Benedicto XVI (y siete comentarios)"]. En esas diez claves va resumiendo y comentando el contenido de cada apartado. Su lectura puede ayudarnos a descubrir lo esencial.

Aquí ponemos las diez claves distribuidas en cada apartado correspondiente. Hemos dejado también sus siete comentarios (su visión personal sobre el tema), que también pueden situarnos en algunos aspectos esenciales.

- Estas claves pueden ayudarnos a situar adecuadamente cada apartado y ver sus puntos nucleares. De esta forma facilitaremos el intercambio de ideas y la reflexión comunitaria a partir de ellos.
- En el encuentro en grupo podemos partir de esta pregunta: ¿En qué nos ilumina este texto para comprender este apartado o toda la exhortación?

TRABAJO PERSONAL

Lectura atenta

Consideramos importante la **lectura activa y previa del texto de la exhortación,** pues eso ayudará a darnos cuenta de todos los elementos que aparecen y a descubrir lo que el Papa propone y lo que nosotros vivimos y hacemos, conocer lo que pensamos y caer en la cuenta de lo que sentimos y, así, planear lo que debemos y podemos realizar. Proponemos hacerlo siguiendo este esquema de trabajo.

- **Lectura personal**: El primer momento es de trabajo personal y consiste en **leer el texto** con atención. En esta lectura intentamos quedarnos con la "música de fondo", es decir, rescatar cuál es la idea central, con qué me quedo de lo leído, qué ideas clave van apareciendo, cómo y en qué resuena en mí... Y vamos aplicando lo que leemos a nuestra realidad.
- **Elección de frases**. Mientras leemos, **subrayamos las frases** que más nos llaman la atención, ya sea porque nos parecen significativas o sugerentes, porque nos aportan alguna novedad, porque nos dan claves para la acción personal o comunitaria... Al final releemos las frases y elegimos tres. En el apartado "Trabajo personal" de cada tema, anotamos el número en el que están. Como los números de la *Spe salvi* son largos, se pueden dividir en varios según los epígrafes: 2, 2a, 2b, 2c...
- **Cuestiones pendientes:** A la vez que leemos, **ponemos un signo de interrogación** en las frases o párrafos que nos remueven en nuestras convicciones, que no entendemos del todo, que no vemos claras o con las que inicialmente no estamos de acuerdo, que quisiéramos comentar posteriormente o que no sabemos cómo llevarlas a la práctica. Anotamos también el párrafo en el que aparecen.

- **Intuiciones.** También podemos poner un signo de admiración en las frases que son muy sugerentes y pueden iluminarnos para la acción posterior personal o comunitaria e incluso de forma colectiva. Elegimos tres y anotamos el párrafo en el que aparecen.

- **Conclusiones:** Sacamos **conclusiones** para nuestra tarea en los ámbitos que creamos oportunos. En este caso podemos centrarnos en aplicaciones para los grupos de los que formamos parte. Podemos escribirlas en el apartado correspondiente.

ENCUENTRO EN GRUPO

Oramos juntos

Al principio de cada encuentro podemos comenzar siempre orando brevemente.

- Nosotros proponemos para ello una breve plegaria, pero puede ser otra elaborada a partir de algún punto central de cada aparado por alguno de los miembros del grupo

- También podemos rezar juntos alguna de las oraciones preparadas para el Jubileo elaboradas a partir de la *Oración del Jubileo*, escrita por el papa Francisco. Ver cuatro ejemplos en la página 36.

¿Cómo vivimos?

Después de la lectura activa realizada individualmente, pasamos al trabajo en grupo, en el que compartimos lo que hemos seleccionado y descubierto personalmente para ver juntos nuestra realidad y sacar conclusiones operativas para nuestra vida y la vida de los grupos en los que estamos.

- **Compartimos las frases** que a cada uno le han parecido **más significativas** y explicamos nuestra elección.

- **Comentamos también las frases** a las que hemos puesto **interrogante o signo de admiración** para profundizar en ellas.

- **Relacionamos lo que va saliendo**, especialmente si se repiten algunas frases preferidas o interrogantes.

- En cada caso, aportamos también **algunas preguntas específicas** –propuestas inicialmente por la Comisión Regional de Catequesis de Aragón (CRCA), aunque las hemos adatado y ampliado– cuya respuesta ayudará a profundizar en el contenido esencial del apartado aplicándolo a las tareas como catequistas. Intentaremos responder siempre desde la realidad que cada grupo vive.

¿Qué podemos hacer?

La palabras finales del papa Francisco («Dejémonos atraer desde ahora por la esperanza y permitamos que a través de nosotros sea contagiosa para cuantos la desean» (*SNC* 25) es una invitación a la acción. Por eso podemos concretar líneas de acción y acciones específicas para llevar a cabo en las tareas pastorales y de evangelización con los grupos con los que trabajamos.

- A partir de lo que ha salido y de las conclusiones personales, se elaboran algunas **conclusiones y aplicaciones grupales**.

- Se trata de dar una vuelta a los puntos tratados, pero analizando ahora juntos los posibles caminos de acción y examinando las posibilidades reales de actuación a partir de nuestra propia realidad.

- Las acciones que se determinen han de ser concretas, realizables y realistas.

- En cada caso ofrecemos un cuadro para rellenar en el que se repiten siempre los mismos elementos: acciones que se pueden llevar a cabo –dos a lo sumo– y modo concreto de ponerlo en práctica.

OTROS TEXTOS PARA LA REFLEXIÓN Y LA EXPRESIÓN

Ofrecemos al final de las propuestas de trabajo otros textos y materiales de los que podemos servirnos –tanto personalmente como en grupo– para profundizar y analizar la realidad y actuar en consecuencia.

PARA ESCUCHAR, CANTAR Y COMENTAR

Ofrecemos también una canción que podemos relacionar con el contenido de cada apartado y que puede servir como material de reflexión colectiva y trabajo más creativo o celebrativo.

- No es necesario cantarlas, aunque algunas se podrán usar para ello. Pero servirán especialmente las presentaciones a modo de videoclips de algunos aspectos del tema tratado. Por eso en todas las canciones se pone un vínculo de internet para poder tener acceso a la música y, en las que la tienen, a la imagen. Además incluimos un código QR para facilitar el acceso, ya sea personal o en grupo.

- Y siempre se podrá trabajar a partir de la letra, que reproducimos en cada caso y que conviene comentar. Lo bueno será relacionarla con el contenido de cada capítulo. Algunas preguntas pueden ayudar a centrarnos también en él.

- Aunque las canciones figuran al final, en ocasiones convendrá escucharlas al principio del encuentro o en otro momento que se considere oportuno.

- Y de seguro que existen otras canciones posibles, quizás más adecuadas a los intereses del grupo, que alguno de sus miembros puede seleccionar y proponer para trabajar con ellas.

En cada apartado incluimos también una oración que puede ayudarnos a conectar con la realidad desde otra dimensión y con la que se puede terminar el encuentro en el grupo. Estas oraciones, lo mismo que las del inicio de las sesiones, han sido seleccionadas por lo general por la Comisión Regional de Catequesis de Aragón (CRCA), aunque las hemos adaptado y ampliado.

* * *

Entendemos que este esquema de trabajo se puede aligerar dependiendo de las circunstancias de cada grupo, pero recalcamos la necesidad de llevar a cabo una esmerada lectura personal y tener un encuentro en grupo, aunque sea muy elemental.

Herminio Otero

REDESCUBRIR, ANUNCIAR Y CONSTRUIR LA ESPERANZA

El 9 de mayo de 2024, fiesta de la Ascensión del Señor, el papa Francisco hizo entrega de la bula *Spes non confundit* con la que convocaba el jubileo de 2025.

- Reproducimos aquí, en primer lugar, el texto de su homilía con que la entregó.
- A continuación incluimos el texto completo de la bula *Spes non confundit* y ofrecemos propuestas de trabajo para tener en cuenta durante el Jubileo.

HOMILÍA DE LA ENTREGA DE LA BULA DE CONVOCACIÓN DEL JUBILEO 2025

Entre cánticos de júbilo, Jesús ascendió al cielo, donde está sentado a la derecha del Padre. Él —como acabamos de escuchar— venció la muerte para que nosotros heredáramos la vida eterna (*cf. 1 Pe* 3,22). La Ascensión del Señor, por tanto, no es un distanciamiento, una separación, un alejamiento de nosotros, sino que es el cumplimiento de su misión: Jesús bajó a nosotros para hacernos subir hasta el Padre; se abajó para enaltecernos; descendió a las profundidades de la tierra para que el cielo se abriera de par en par sobre nosotros. Él destruyó nuestra muerte para que pudiéramos recibir la vida, y para siempre.

Jesús bajó a nosotros para hacernos subir hasta el Padre

El fundamento de nuestra esperanza es este: que Cristo ascendido al cielo introduce en el corazón de Dios nuestra humanidad cargada de expectativas e interrogantes, y «ha querido precedernos como cabeza nuestra, para que nosotros, miembros de su Cuerpo, vivamos con la ardiente esperanza de seguirlo en su reino» (*Prefacio I de la Ascensión del Señor*).

Cristo introduce en el corazón de Dios nuestra humanidad

Hermanos y hermanas, esta esperanza —enraizada en Cristo muerto y resucitado— es la que queremos celebrar, acoger y anunciar al mundo entero en el próximo Jubileo, que ya está a la vuelta de la esquina. No se trata de un mero optimismo —digamos un optimismo humano— o de una expectativa pasajera ligada a alguna seguridad terrena, no, es una realidad ya realizada en Jesús y que se nos comunica también a nosotros cada día, hasta que seamos uno en el abrazo de su amor. La esperanza cristiana —escribe san Pedro— es «una herencia incorruptible, incontaminada e imperecedera» (*1 Pe* 1,4). La esperanza cristiana sostiene el camino de nuestra vida, incluso cuando se vuelve tortuoso y difícil; abre ante nosotros horizontes de futuro cuando la resignación y el pesimismo quisieran tenernos prisioneros; nos hace ver el bien posible cuando el mal parece prevalecer; la esperanza cristiana nos infunde serenidad cuando el corazón está agobiado por el fracaso y el pecado; nos hace soñar con una humanidad nueva y nos infunde valor para construir un mundo fraterno y pacífico, cuando parece que no vale la pena comprometerse. Esta es la esperanza, el don que el Señor nos ha dado con el Bautismo.

Celebrar, acoger y anunciar la esperanza

Queridos hermanos y hermanas, mientras nos preparamos al Jubileo con el Año de la oración, elevemos nuestro corazón a Cristo, para convertirnos en *cantores de esperanza* en una civilización marcada por un exceso de desesperación. Con los gestos, con las palabras, con nuestras elecciones cotidianas, con la paciencia de sembrar un poco de belleza y de amabilidad en donde quiera que estemos, queremos cantar la esperanza, para que su melodía haga vibrar las cuerdas de la humanidad y despierte en los corazones la alegría, despierte la valentía de abrazar la vida.

Convertirnos en cantores de esperanza

Necesitamos la esperanza

En efecto, nos hace falta la esperanza. Todos la necesitamos. Y la esperanza no defrauda, no lo olvidemos. La necesita la sociedad en la que vivimos, a menudo inmersa solo en el presente e incapaz de mirar hacia el futuro; la necesita nuestra época, que a veces se arrastra cansadamente entre la monotonía del individualismo y del "irla pasando"; la necesita la creación, gravemente herida y desfigurada por el egoísmo humano; la necesitan los pueblos y las naciones que afrontan el mañana cargados de preocupaciones y temores, mientras las injusticias se prolongan con arrogancia, los pobres son descartados, las guerras siembran la muerte, los últimos siguen estando al final de la lista y el sueño de un mundo fraterno corre el riesgo de aparecer como un espejismo. La necesitan los jóvenes, que frecuentemente se sienten desorientados pero deseosos de vivir en plenitud; la necesitan los ancianos, a quienes la cultura de la eficiencia y del descarte ya no sabe respetar ni escuchar; la necesitan los enfermos y todos aquellos que están heridos en el cuerpo y en el espíritu, que pueden encontrar alivio con nuestra cercanía y nuestros cuidados.

La Iglesia también necesita la esperanza

Y, además, queridos hermanos y hermanas, la Iglesia necesita esperanza, para que, incluso cuando experimente el peso de la fatiga y de la fragilidad, no olvide nunca que es la Esposa de Cristo, amada con amor eterno y fiel, llamada a custodiar la luz del Evangelio, enviada para llevar a todos el fuego que Jesús trajo y encendió en el mundo de una vez para siempre.

Cada uno de nosotros necesita esperanza

Cada uno de nosotros necesita esperanza; la necesitan nuestras vidas a veces cansadas y heridas, nuestros corazones sedientos de verdad, bondad y belleza, nuestros sueños que ninguna oscuridad puede apagar. Todo, dentro y fuera de nosotros, anhela esperanza y busca, aun sin saberlo, la cercanía de Dios. Nos parece —decía Romano Guardini— que el nuestro es el tiempo del alejamiento de Dios, en el que el mundo se llena de cosas y la Palabra del Señor mengua; sin embargo, afirma que «cuando llegue el momento —y llegará, tras el paso de las tinieblas— y el ser humano pregunte a Dios: "Señor, ¿dónde estabas entonces?", Él responderá: "¡Más cerca de ti que nunca!". Tal vez Dios esté más cerca de nuestros gélidos tiempos de lo que lo estuvo en el Barroco, con el esplendor de sus iglesias, o en la Edad Media, con la plenitud de sus símbolos, o en el cristianismo primitivo, con su joven valor ante la muerte [...]. Pero Él espera [...] que permanezcamos fieles a Él a través de la distancia. De ella podría surgir una fe no menos válida, de hecho, más pura quizá, más robusta en todo caso, que en los tiempos de la riqueza interior» (R. Guardini, *Aceptarse a uno mismo*, Madrid 2023, 67).

Redescubrir la esperanza

Hermanos y hermanas, que el Señor resucitado y ascendido al cielo nos dé la gracia de *redescubrir* la esperanza, de *anunciar* la esperanza y de *construir* la esperanza.

Spes non confundit

BULA DE CONVOCACIÓN
DEL JUBILEO ORDINARIO
DEL AÑO 2025

FRANCISCO

Obispo de Roma.
Siervo de los Siervos de Dios.
A cuantos lean esta carta, la esperanza les colme el corazón.

La esperanza, mensaje central del Jubileo 2025

1. «*Spes non confundit*», «la esperanza no defrauda» (*Rom* 5,5). Bajo el signo de la esperanza el apóstol Pablo infundía aliento a la comunidad cristiana de Roma. La esperanza también constituye el mensaje central del próximo Jubileo, que según una antigua tradición el Papa convoca cada veinticinco años.

Un momento de encuentro vivo y personal con el Señor Jesús

Pienso en todos los *peregrinos de esperanza* que llegarán a Roma para vivir el Año Santo y en cuantos, no pudiendo venir a la ciudad de los apóstoles Pedro y Pablo, lo celebrarán en las Iglesias particulares. Que pueda ser para todos un momento de encuentro vivo y personal con el Señor Jesús, «puerta» de salvación (cf. *Jn* 10,7.9); con Él, a quien la Iglesia tiene la misión de anunciar siempre, en todas partes y a todos como «nuestra esperanza» (*1 Tim* 1,1).

Ocasión de reavivar la esperanza

Todos esperan. En el corazón de toda persona anida la esperanza como deseo y expectativa del bien, aun ignorando lo que traerá consigo el mañana. Sin embargo, la imprevisibilidad del futuro hace surgir sentimientos a menudo contrapuestos: de la confianza al temor, de la serenidad al desaliento, de la certeza a la duda. Encontramos con frecuencia personas desanimadas, que miran el futuro con escepticismo y pesimismo, como si nada pudiera ofrecerles felicidad. Que el Jubileo sea para todos ocasión de reavivar la esperanza. La Palabra de Dios nos ayuda a encontrar sus razones. Dejémonos conducir por lo que el apóstol Pablo escribió precisamente a los cristianos de Roma.

LA ESPERANZA NO DEFRAUDA

Una Palabra de esperanza

2. «Justificados, entonces, por la fe, estamos en paz con Dios, por medio de nuestro Señor Jesucristo. Por él hemos alcanzado, mediante la fe, la gracia en la que estamos afianzados, y por él nos gloriamos en la esperanza de la gloria de Dios. [...] Y la esperanza no quedará defraudada, porque el amor de Dios ha sido derramado en nuestros corazones por el Espíritu Santo, que nos ha sido dado» (*Rom* 5,1-2.5). Los puntos de reflexión que aquí nos propone san Pablo son múltiples. Sabemos que la Carta a los Romanos marca un paso decisivo en su actividad de evangelización. Hasta ese momento la había realizado en el área oriental del Imperio y ahora lo espera Roma, con todo lo que esta representa a los ojos del mundo: un gran desafío, que debe afrontar en nombre del anuncio del Evangelio, el cual no conoce barreras ni confines. La Iglesia de Roma no había sido fundada por Pablo, pero él sentía vivo el deseo de llegar allí pronto para llevar a todos el Evangelio de Jesucristo, muerto y resucitado, como anuncio de la esperanza que realiza las promesas, conduce a la gloria y, fundamentada en el amor, no defrauda.

> **El Evangelio de Jesucristo, anuncio de la esperanza**

3. La esperanza efectivamente nace del amor y se funda en el amor que brota del Corazón de Jesús traspasado en la cruz: «Porque si siendo enemigos, fuimos reconciliados con Dios por la muerte de su Hijo, mucho más ahora que estamos reconciliados, seremos salvados por su vida» (*Rom* 5,10). Y su vida se manifiesta en nuestra vida de fe, que empieza con el Bautismo; se desarrolla en la docilidad a la gracia de Dios y, por tanto, está animada por la esperanza, que se renueva siempre y se hace inquebrantable por la acción del Espíritu Santo.

> **La vida de Jesús está animada por la esperanza**

En efecto, el Espíritu Santo, con su presencia perenne en el camino de la Iglesia, es quien irradia en los creyentes la luz de la esperanza. Él la mantiene encendida como una llama que nunca se apaga, para dar apoyo y vigor a nuestra vida. La esperanza cristiana, de hecho, no engaña ni defrauda, porque está fundada en la certeza de que nada ni nadie podrá separarnos nunca del amor divino: «¿Quién podrá entonces separarnos del amor de Cristo? ¿Las tribulaciones, las angustias, la persecución, el hambre, la desnudez, los peligros, la espada? [...] Pero en todo esto obtenemos una amplia victoria, gracias a aquel que nos amó. Porque tengo la certeza de que ni la muerte ni la vida, ni los ángeles ni los principados, ni lo presente ni lo futuro, ni los poderes espirituales, ni lo alto ni lo profundo, ni ninguna otra criatura podrá separarnos jamás del amor de Dios, manifestado en Cristo Jesús, nuestro Señor» (*Rom* 8,35.37-39).

> **El Espíritu mantiene encendida la esperanza**

Vivir: creer, esperar, amar

He aquí porqué esta esperanza no cede ante las dificultades: porque se fundamenta en la fe y se nutre de la caridad, y de este modo hace posible que sigamos adelante en la vida. San Agustín escribe al respecto: «Nadie, en efecto, vive en cualquier género de vida sin estas tres disposiciones del alma: las de creer, esperar, amar».[1]

Tribulación y sufrimiento de los que anuncian el Evangelio en contextos de incomprensión

4. San Pablo es muy realista. Sabe que la vida está hecha de alegrías y dolores, que el amor se pone a prueba cuando aumentan las dificultades y la esperanza parece derrumbarse frente al sufrimiento. Con todo, escribe: «Más aún, nos gloriamos hasta de las mismas tribulaciones, porque sabemos que la tribulación produce la constancia; la constancia, la virtud probada; la virtud probada, la esperanza» (*Rom* 5,3-4). Para el Apóstol, la tribulación y el sufrimiento son las condiciones propias de los que anuncian el Evangelio en contextos de incomprensión y de persecución (*cf. 2 Cor* 6,3-10). Pero en tales situaciones, en medio de la oscuridad se percibe una luz; se descubre cómo lo que sostiene la evangelización es la fuerza que brota de la cruz y de la resurrección de Cristo.

La paciencia, estrechamente relacionada con la esperanza

Y eso lleva a desarrollar una virtud estrechamente relacionada con la esperanza: la *paciencia*. Estamos acostumbrados a quererlo todo y de inmediato, en un mundo donde la prisa se ha convertido en una constante. Ya no se tiene tiempo para encontrarse, y a menudo incluso en las familias se vuelve difícil reunirse y conversar con tranquilidad. La paciencia ha sido relegada por la prisa, ocasionando un daño grave a las personas. De hecho, ocupan su lugar la intolerancia, el nerviosismo y a veces la violencia gratuita, que provocan insatisfacción y cerrazón.

Redescubrir la paciencia

Asimismo, en la era del *internet*, donde el espacio y el tiempo son suplantados por el "aquí y ahora", la paciencia resulta extraña. Si aun fuésemos capaces de contemplar la creación con asombro, comprenderíamos cuán esencial es la paciencia. Aguardar el alternarse de las estaciones con sus frutos; observar la vida de los animales y los ciclos de su desarrollo; tener los ojos sencillos de san Francisco que, en su *Cántico de las criaturas*, escrito hace 800 años, veía la creación como una gran familia y llamaba al sol "hermano" y a la luna "hermana"[2]. Redescubrir la paciencia hace mucho bien a uno mismo y a los demás.

La paciencia mantiene viva la esperanza y la consolida

San Pablo recurre frecuentemente a la paciencia para subrayar la importancia de la perseverancia y de la confianza en aquello que Dios nos ha prometido, pero sobre todo testimonia que Dios es paciente con nosotros, porque es «el Dios de la constancia y del consuelo» (*Rom* 15,5). La paciencia, que también es fruto del Espíritu Santo, mantiene viva la esperanza y la consolida como virtud y estilo de vida. Por lo tanto, aprendamos a pedir con frecuencia la gracia de la paciencia, que es hija de la esperanza y al mismo tiempo la sostiene.

---

[1] *Sermón* 198, 2.
[2] *Cf. Fuentes Franciscanas*, n. 263, 6.10.

Un camino de esperanza

5. Este entretejido de esperanza y paciencia muestra claramente cómo la vida cristiana es *un camino*, que también necesita *momentos fuertes* para alimentar y robustecer la esperanza, compañera insustituible que permite vislumbrar la meta: el encuentro con el Señor Jesús.

Me agrada pensar que fue justamente un itinerario de gracia, animado por la espiritualidad popular, el que precedió la convocación del primer Jubileo en el año 1300. De hecho, no podemos olvidar las distintas formas por medio de las cuales la gracia del perdón ha sido derramada con abundancia sobre el santo Pueblo fiel de Dios. Recordemos, por ejemplo, el gran "perdón" que san Celestino V quiso conceder a cuantos se dirigían a la Basílica Santa María de Collemaggio, en L'Aquila, durante los días 28 y 29 de agosto de 1294, seis años antes de que el papa Bonifacio VIII instituyese el Año Santo. Así pues, la Iglesia ya experimentaba la gracia jubilar de la misericordia.

E incluso antes, en el año 1216, el papa Honorio III había acogido la súplica de san Francisco que pedía la indulgencia para cuantos fuesen a visitar la Porciúncula durante los dos primeros días de agosto. Lo mismo se puede afirmar para la peregrinación a Santiago de Compostela; en efecto, el papa Calixto II, en 1122, concedió que se celebrara el Jubileo en ese Santuario cada vez que la fiesta del apóstol Santiago coincidiese con el domingo. Es bueno que esa modalidad "extendida" de celebraciones jubilares continúe, de manera que la fuerza del perdón de Dios sostenga y acompañe el camino de las comunidades y de las personas.

No es casual que *la peregrinación* exprese un elemento fundamental de todo acontecimiento jubilar. Ponerse en camino es un gesto típico de quienes buscan el sentido de la vida. La peregrinación a pie favorece mucho el redescubrimiento del valor del silencio, del esfuerzo, de lo esencial. También el año próximo los *peregrinos de esperanza* recorrerán caminos antiguos y modernos para vivir intensamente la experiencia jubilar. Además, en la misma ciudad de Roma habrá otros itinerarios de fe que se añadirán a los ya tradicionales de las catacumbas y las siete iglesias. Transitar de un país a otro, como si se superaran las fronteras, pasar de una ciudad a la otra en la contemplación de la creación y de las obras de arte permitirá atesorar experiencias y culturas diferentes, para conservar dentro de sí la belleza que, armonizada por la oración, conduce a agradecer a Dios por las maravillas que Él realiza.

La peregrinación
a pie para
redescubrir
el sentido
de lo esencial

Las iglesias jubilares, a lo largo de los itinerarios y en la misma Urbe, podrán ser oasis de espiritualidad en los cuales revitalizar el camino de la fe y beber de los manantiales de la esperanza, sobre todo acercándose al sacramento de la Reconciliación, punto de partida insustituible para un verdadero camino de conversión. Que en las Iglesias particulares se cuide de modo especial la preparación de los sacerdotes y de los fieles para las confesiones y el acceso al sacramento en su forma individual.

Beber de los
manantiales
de la esperanza
acercándose al
sacramento de
la Reconciliación

Acoger a los fieles de las Iglesias orientales

A los fieles de las Iglesias orientales, en especial a aquellos que ya están en plena comunión con el Sucesor de Pedro, quiero dirigir una invitación particular a esta peregrinación. Ellos, que han sufrido tanto por su fidelidad a Cristo y a la Iglesia, muchas veces hasta la muerte, deben sentirse especialmente bienvenidos a esta Roma que es Madre también para ellos y que custodia tantas memorias de su presencia. La Iglesia católica, que está enriquecida por sus antiquísimas liturgias, por la teología y la espiritualidad de los Padres, monjes y teólogos, quiere expresar simbólicamente la acogida a ellos y a sus hermanos y hermanas ortodoxos, en una época en la que ya están viviendo la peregrinación del Vía crucis; con la que frecuentemente son obligados a dejar sus tierras de origen, sus tierras santas, de las que la violencia y la inestabilidad los expulsan hacia países más seguros. Para ellos la experiencia de ser amados por la Iglesia —que no los abandonará, sino que los seguirá adondequiera que vayan— hace todavía más fuerte el signo del Jubileo.

Los últimos jubileos: año 2000 y de la misericordia

6. El Año Santo 2025 está en continuidad con los acontecimientos de gracia precedentes. En el último Jubileo ordinario se cruzó el umbral de los dos mil años del nacimiento de Jesucristo. Luego, el 13 de marzo de 2015, convoqué un Jubileo extraordinario con la finalidad de manifestar y facilitar el encuentro con el "Rostro de la misericordia" de Dios[3], anuncio central del Evangelio para todas las personas de todos los tiempos.

Nuevo jubileo en la esperanza cierta de la salvación en Cristo

Ahora ha llegado el momento de un nuevo Jubileo, para abrir de par en par la Puerta Santa una vez más y ofrecer la experiencia viva del amor de Dios, que suscita en el corazón la esperanza cierta de la salvación en Cristo. Al mismo tiempo, este Año Santo orientará el camino hacia otro aniversario fundamental para todos los cristianos: en el 2033 se celebrarán los dos mil años de la Redención realizada por medio de la pasión, muerte y resurrección del Señor Jesús. Nos encontramos así frente a un itinerario marcado por grandes etapas, en las que la gracia de Dios precede y acompaña al pueblo que camina entusiasta en la fe, diligente en la caridad y perseverante en la esperanza (*cf. 1 Tes* 1,3).

'Una experiencia de gracia y de esperanza en la iglesias de Roma

Apoyado en esta larga tradición y con la certeza de que este Año jubilar será para toda la Iglesia una intensa experiencia de gracia y de esperanza, dispongo que la Puerta Santa de la Basílica de San Pedro, en el Vaticano, se abra a partir del 24 de diciembre del corriente año 2024, dando inicio así al Jubileo ordinario. El domingo sucesivo, 29 de diciembre de 2024, abriré la Puerta Santa de la Catedral de San Juan de Letrán, que el 9 de noviembre de este año celebrará los 1700 años de su dedicación. A continuación, el 1 de enero de 2025, solemnidad de Santa María, Madre de Dios, se abrirá la Puerta Santa de la Basílica papal de Santa María la Mayor. Y, por último, el domingo 5 de enero se abrirá la Puerta Santa

---

[3] *Cf.* Bula de convocación del Jubileo Extraordinario de la Misericordia *Misericordiae vultus* 1-3.

de la Basílica papal de San Pablo extramuros. Estas últimas tres Puertas Santas se cerrarán el domingo 28 de diciembre del mismo año.

Apertura del Año jubilar en todas las catedrales

Establezco además que el domingo 29 de diciembre de 2024, en todas las catedrales y concatedrales, los obispos diocesanos celebren la Eucaristía como apertura solemne del Año jubilar, según el Ritual que se preparará para la ocasión. En el caso de la celebración en una iglesia concatedral el obispo podrá ser sustituido por un delegado designado expresamente para ello. Que la peregrinación desde una iglesia elegida para la *collectio*, hacia la catedral, sea el signo del camino de esperanza que, iluminado por la Palabra de Dios, une a los creyentes. Que en ella se lean algunos pasajes del presente Documento y se anuncie al pueblo la indulgencia jubilar, que podrá obtenerse según las prescripciones contenidas en el mismo Ritual para la celebración del Jubileo en las Iglesias particulares. Durante el Año Santo, que en las Iglesias particulares finalizará el domingo 28 de diciembre de 2025, ha de procurarse que el Pueblo de Dios acoja, con plena participación, tanto el anuncio de esperanza de la gracia de Dios como los signos que atestiguan su eficacia.

Que la luz de la esperanza llegue a todas las personas

El Jubileo ordinario se clausurará con el cierre de la Puerta Santa de la Basílica papal de San Pedro en el Vaticano el 6 de enero de 2026, Epifanía del Señor. Que la luz de la esperanza cristiana pueda llegar a todas las personas, como mensaje del amor de Dios que se dirige a todos. Y que la Iglesia sea testigo fiel de este anuncio en todas partes del mundo.

Signos de esperanza

Transformar los signos de los tiempos en signos de esperanza

7. Además de alcanzar la esperanza que nos da la gracia de Dios, también estamos llamados a redescubrirla en los *signos de los tiempos* que el Señor nos ofrece. Como afirma el Concilio Vaticano II, «es deber permanente de la Iglesia escrutar a fondo los signos de la época e interpretarlos a la luz del Evangelio, de forma que, acomodándose a cada generación, pueda la Iglesia responder a los perennes interrogantes de la humanidad sobre el sentido de la vida presente y de la vida futura y sobre la mutua relación de ambas».[4] Por ello, es necesario poner atención a todo lo bueno que hay en el mundo para no caer en la tentación de considerarnos superados por el mal y la violencia. En este sentido, los signos de los tiempos, que contienen el anhelo del corazón humano, necesitado de la presencia salvífica de Dios, requieren ser transformados en signos de esperanza.

La exigencia de paz nos interpela

8. Que el primer signo de esperanza se traduzca en *paz* para el mundo, el cual vuelve a encontrarse sumergido en la tragedia de la *guerra*. La humanidad, desmemoriada de los dramas del pasado, está sometida a una prueba nueva y difícil cuando ve a muchas poblaciones oprimidas por la brutalidad de la violencia. ¿Qué más les queda a estos pueblos que

---

[4] Constitución pastoral *Gaudium et spes* 4.

no hayan sufrido ya? ¿Cómo es posible que su grito desesperado de auxilio no impulse a los responsables de las Naciones a querer poner fin a los numerosos conflictos regionales, conscientes de las consecuencias que puedan derivarse a nivel mundial? ¿Es demasiado soñar que las armas callen y dejen de causar destrucción y muerte? Dejemos que el Jubileo nos recuerde que los que «trabajan por la paz» podrán ser «llamados hijos de Dios» (*Mt* 5,9). La exigencia de paz nos interpela a todos y urge que se lleven a cabo proyectos concretos. Que no falte el compromiso de la diplomacia por construir con valentía y creatividad espacios de negociación orientados a una paz duradera.

Ver la vida llena de entusiasmo

9. Mirar el futuro con esperanza también equivale a tener una visión de la vida llena de entusiasmo para compartir con los demás. Sin embargo, debemos constatar con tristeza que en muchas situaciones falta esta perspectiva. La primera consecuencia de ello es la *pérdida del deseo de transmitir la vida*. A causa de los ritmos frenéticos de la vida, de los temores ante el futuro, de la falta de garantías laborales y tutelas sociales adecuadas, de modelos sociales cuya agenda está dictada por la búsqueda de beneficios más que por el cuidado de las relaciones, se asiste en varios países a una preocupante *disminución de la natalidad*. Por el contrario, en otros contextos, «culpar al aumento de la población y no al consumismo extremo y selectivo de algunos es un modo de no enfrentar los problemas».[5]

Apoyar la vida

La apertura a la vida con una maternidad y paternidad responsables es el proyecto que el Creador ha inscrito en el corazón y en el cuerpo de los hombres y las mujeres, una misión que el Señor confía a los esposos y a su amor. Es urgente que, además del compromiso legislativo de los estados, haya un apoyo convencido por parte de las comunidades creyentes y de la comunidad civil tanto en su conjunto como en cada uno de sus miembros, porque *el deseo de los jóvenes de engendrar nuevos hijos e hijas*, como fruto de la fecundidad de su amor, da una perspectiva de futuro a toda sociedad y es un motivo de esperanza: porque depende de la esperanza y produce esperanza.

Apoyar una alianza social para la esperanza

La comunidad cristiana, por tanto, no se puede quedar atrás en su apoyo a la necesidad de *una alianza social para la esperanza*, que sea inclusiva y no ideológica, y que trabaje por un porvenir que se caracterice por la sonrisa de muchos niños y niñas que vendrán a llenar las tantas cunas vacías que ya hay en numerosas partes del mundo. Pero todos, en realidad, necesitamos recuperar la alegría de vivir, porque el ser humano, creado a imagen y semejanza de Dios (*cf. Gn* 1,26), no puede conformarse con sobrevivir o subsistir mediocremente, amoldándose al momento presente y dejándose satisfacer solamente por realidades materiales. Eso nos encierra en el individualismo y corroe la esperanza, generando una tristeza que se anida en el corazón, volviéndonos desagradables e intolerantes.

---

[5] Carta encíclica *Laudato si'* 50.

10. En el Año jubilar estamos llamados a ser signos tangibles de esperanza para tantos hermanos y hermanas que viven en condiciones de penuria. Pienso en los *presos* que, privados de la libertad, experimentan cada día —además de la dureza de la reclusión— el vacío afectivo, las restricciones impuestas y, en bastantes casos, la falta de respeto. Propongo a los gobiernos del mundo que en el Año del Jubileo se asuman iniciativas que devuelvan la esperanza; formas de amnistía o de condonación de la pena orientadas a ayudar a las personas para que recuperen la confianza en sí mismas y en la sociedad; itinerarios de reinserción en la comunidad a los que corresponda un compromiso concreto en la observancia de las leyes.

Llamados a ser signos tangibles de esperanza

Es una exhortación antigua, que surge de la Palabra de Dios y permanece con todo su valor sapiencial cuando se convoca a tener actos de clemencia y de liberación que permitan volver a empezar: «Así santificarán el quincuagésimo año, y proclamarán una liberación para todos los habitantes del país» (*Lv* 25,10). El profeta Isaías retoma lo establecido por la Ley mosaica: el Señor «me envió a llevar la buena noticia a los pobres, a vendar los corazones heridos, a proclamar la liberación a los cautivos y la libertad a los prisioneros, a proclamar un año de gracia del Señor» (*Is* 61,1-2). Estas son las palabras que Jesús hizo suyas al comienzo de su ministerio, declarando que él mismo era el cumplimiento del «año de gracia del Señor» (*cf. Lc* 4,18-19). Que en cada rincón de la tierra, los creyentes, especialmente los pastores, se hagan intérpretes de tales peticiones, formando una sola voz que reclame con valentía condiciones dignas para los reclusos, respeto de los derechos humanos y sobre todo la abolición de la pena de muerte, recurso que para la fe cristiana es inadmisible y aniquila toda esperanza de perdón y de renovación.[6] Para ofrecer a los presos un signo concreto de cercanía, deseo abrir yo mismo una Puerta Santa en una cárcel, a fin de que sea para ellos un símbolo que invita a mirar al futuro con esperanza y con un renovado compromiso de vida.

Tener actos de clemencia y de liberación con los presos

11. Que se ofrezcan signos de esperanza a los *enfermos* que están en sus casas o en los hospitales. Que sus sufrimientos puedan ser aliviados con la cercanía de las personas que los visitan y el afecto que reciben. Las obras de misericordia son igualmente obras de esperanza, que despiertan en los corazones sentimientos de gratitud. Que esa gratitud llegue también a todos los agentes sanitarios que, en condiciones no pocas veces difíciles, ejercitan su misión con cuidado solícito hacia las personas enfermas y más frágiles.

Ofrecer signos de esperanza a los enfermos

Que no falte una atención inclusiva hacia cuantos hallándose en condiciones de vida particularmente difíciles experimentan la propia debilidad, especialmente a los afectados por patologías o discapacidades que limitan notablemente la autonomía personal. Cuidar de ellos es un himno a la dignidad humana, un canto de esperanza que requiere acciones concertadas por toda la sociedad.

---

[6] *Cf. Catecismo de la Iglesia Católica* 2267.

Ofrecer signos de esperanza a los jóvenes

12. También necesitan signos de esperanza aquellos que en sí mismos la representan: los *jóvenes*. Ellos, lamentablemente, con frecuencia ven que sus sueños se derrumban. No podemos decepcionarlos; en su entusiasmo se fundamenta el porvenir. Es hermoso verlos liberar energías, por ejemplo cuando se entregan con tesón y se comprometen voluntariamente en las situaciones de catástrofe o de inestabilidad social. Sin embargo, resulta triste ver jóvenes sin esperanza. Por otra parte, cuando el futuro se vuelve incierto e impermeable a los sueños; cuando los estudios no ofrecen oportunidades y la falta de trabajo o de una ocupación suficientemente estable amenazan con destruir los deseos, entonces es inevitable que el presente se viva en la melancolía y el aburrimiento. La ilusión de las drogas, el riesgo de caer en la delincuencia y la búsqueda de lo efímero crean en ellos, más que en otros, confusión y oscurecen la belleza y el sentido de la vida, abatiéndolos en abismos oscuros e induciéndolos a cometer gestos autodestructivos. Por eso, que el Jubileo sea en la Iglesia una ocasión para estimularlos. Ocupémonos con ardor renovado de los jóvenes, los estudiantes, los novios, las nuevas generaciones. ¡Que haya cercanía a los jóvenes, que son la alegría y la esperanza de la Iglesia y del mundo!

Ofrecer signos de esperanza a los migrantes

13. No pueden faltar signos de esperanza hacia los *migrantes*, que abandonan su tierra en busca de una vida mejor para ellos y sus familias. Que sus esperanzas no se vean frustradas por prejuicios y cerrazones; que la acogida, que abre los brazos a cada uno en razón de su dignidad, vaya acompañada por la responsabilidad, para que a nadie se le niegue el derecho a construir un futuro mejor. Que a los numerosos *exiliados, desplazados y refugiados*, a quienes los conflictivos sucesos internacionales obligan a huir para evitar guerras, violencia y discriminaciones, se les garantice la seguridad, el acceso al trabajo y a la instrucción, instrumentos necesarios para su inserción en el nuevo contexto social.

Que la comunidad cristiana esté siempre dispuesta a defender el derecho de los más débiles. Que generosamente abra de par en par sus acogedoras puertas, para que a nadie le falte nunca la esperanza de una vida mejor. Que resuene en nuestros corazones la Palabra del Señor que, en la parábola del juicio final, dijo: «estaba de paso, y me alojaron», porque «cada vez que lo hicieron con el más pequeño de mis hermanos, lo hicieron conmigo» (*Mt* 25,35.40).

Ofrecer signos de esperanza a los ancianos

14. Signos de esperanza merecen los *ancianos*, que a menudo experimentan soledad y sentimientos de abandono. Valorar el tesoro que son, sus experiencias de vida, la sabiduría que tienen y el aporte que son capaces de ofrecer, es un compromiso para la comunidad cristiana y para la sociedad civil, llamadas a trabajar juntas por la alianza entre las generaciones.

Dirijo un recuerdo particular *a los abuelos y a las abuelas*, que representan la transmisión de la fe y la sabiduría de la vida a las generaciones más jóvenes. Que sean sostenidos por la gratitud de los hijos y el amor de los nietos, que encuentran en ellos arraigo, comprensión y aliento.

15. Imploro, de manera apremiante, esperanza para los millares de *pobres*, que carecen con frecuencia de lo necesario para vivir. Frente a la sucesión de oleadas de pobreza siempre nuevas, existe el riesgo de acostumbrarse y resignarse. Pero no podemos apartar la mirada de situaciones tan dramáticas, que hoy se constatan en todas partes y no solo en determinadas zonas del mundo. Encontramos cada día personas pobres o empobrecidas que a veces pueden ser nuestros vecinos. A menudo no tienen una vivienda, ni la comida suficiente para cada jornada. Sufren la exclusión y la indiferencia de muchos. Es escandaloso que, en un mundo dotado de enormes recursos, destinados en gran parte a los armamentos, los pobres sean «la mayor parte [...], miles de millones de personas. Hoy están presentes en los debates políticos y económicos internacionales, pero frecuentemente parece que sus problemas se plantean como un apéndice, como una cuestión que se añade casi por obligación o de manera periférica, si es que no se los considera un mero daño colateral. De hecho, a la hora de la actuación concreta, quedan frecuentemente en el último lugar».[7] No lo olvidemos: los pobres, casi siempre, son víctimas, no culpables.

Ofrecer signos de esperanza a los pobres

Llamamientos a la esperanza

16. Haciendo eco a la palabra antigua de los profetas, el Jubileo nos recuerda que *los bienes de la tierra* no están destinados a unos pocos privilegiados, sino a todos. Es necesario que cuantos poseen riquezas sean generosos, reconociendo el rostro de los hermanos que pasan necesidad. Pienso de modo particular en aquellos que carecen de agua y de alimento. El hambre es un flagelo escandaloso en el cuerpo de nuestra humanidad y nos invita a todos a sentir remordimiento de conciencia. Renuevo el llamamiento a fin de que «con el dinero que se usa en armas y otros gastos militares, constituyamos un Fondo mundial, para acabar de una vez con el hambre y para el desarrollo de los países más pobres, de tal modo que sus habitantes no acudan a soluciones violentas o engañosas ni necesiten abandonar sus países para buscar una vida más digna».[8]

Llamamiento a acabar con el hambre

Hay otra invitación apremiante que deseo dirigir en vista del Año jubilar; va dirigida a las naciones más ricas, para que reconozcan la gravedad de tantas decisiones tomadas y determinen *condonar las deudas* de los países que nunca podrán saldarlas. Antes que tratarse de magnanimidad es una cuestión de justicia, agravada hoy por una nueva forma de iniquidad de la que hemos tomado conciencia: «Porque hay una verdadera "deuda ecológica", particularmente entre el Norte y el Sur, relacionada con desequilibrios comerciales con consecuencias en el ámbito ecológico, así como con el uso desproporcionado de los recursos naturales llevado

Condonar las deudas de los países

---

[7] Carta encíclica *Laudato si'* 49.
[8] Carta encíclica *Fratelli tutti* 262.

a cabo históricamente por algunos países».[9] Como enseña la Sagrada Escritura, la tierra pertenece a Dios y todos nosotros habitamos en ella como «extranjeros y huéspedes» (*Lv* 25,23). Si verdaderamente queremos preparar en el mundo el camino de la paz, esforcémonos por remediar las causas que originan las injusticias, cancelemos las deudas injustas e insolutas y saciemos a los hambrientos.

Concretar la sinodalidad: testimoniar la presencia de Dios en el mundo

17. Durante el próximo Jubileo se conmemorará un aniversario muy significativo para todos los cristianos. Se cumplirán, en efecto, *1700 años de la celebración del primer gran Concilio ecuménico de Nicea*. Conviene recordar que, desde los tiempos apostólicos, los pastores se han reunido en asambleas en diversas ocasiones con el fin de tratar temáticas doctrinales y cuestiones disciplinares. En los primeros siglos de la fe los sínodos se multiplicaron tanto en el Oriente como en el Occidente cristianos, mostrando cuánto fuese importante custodiar la unidad del Pueblo de Dios y el anuncio fiel del Evangelio. El Año jubilar podrá ser una oportunidad significativa para dar concreción a esta forma sinodal, que la comunidad cristiana advierte hoy como expresión cada vez más necesaria para corresponder mejor a la urgencia de la evangelización: que todos los bautizados, cada uno con su propio carisma y ministerio, sean corresponsables, para que por la multiplicidad de signos de esperanza testimonien la presencia de Dios en el mundo.

"Creemos": reconocerse en comunión y profesar la misma fe

El Concilio de Nicea tuvo la tarea de preservar la unidad, seriamente amenazada por la negación de la plena divinidad de Jesucristo y de su misma naturaleza con el Padre. Estuvieron presentes alrededor de trescientos obispos, que se reunieron en el palacio imperial el 20 de mayo del año 325, convocados por iniciativa del emperador Constantino. Después de diversos debates, todos ellos, movidos por la gracia del Espíritu, se identificaron en el Símbolo de la fe que todavía hoy profesamos en la Celebración eucarística dominical. Los padres conciliares quisieron comenzar ese Símbolo utilizando por primera vez la expresión «Creemos»[10], como testimonio de que en ese "nosotros" todas las Iglesias se reconocían en comunión, y todos los cristianos profesaban la misma fe.

Avanzar en el camino hacia la unidad visible

El Concilio de Nicea marcó un hito en la historia de la Iglesia. La conmemoración de esa fecha invita a los cristianos a unirse en la alabanza y el agradecimiento a la Santísima Trinidad y en particular a Jesucristo, el Hijo de Dios, «de la misma naturaleza del Padre»[11], que nos ha revelado semejante misterio de amor. Pero Nicea también representa una invitación a todas las Iglesias y comunidades eclesiales a seguir avanzando en el camino hacia la unidad visible, a no cansarse de buscar formas adecuadas para corresponder plenamente a la oración de Jesús: «Que

---

[9] Carta encíclica *Laudato si* 51.

[10] *Símbolo niceno*: H. Denzinger – A. Schönmetzer, *Enchiridion Symbolorum definitionum et declarationum de rebus fidei et morum*, n. 125.

[11] *Ibid.*

todos sean uno: como tú, Padre, estás en mí y yo en ti, que también ellos sean uno en nosotros, para que el mundo crea que tú me enviaste» (*Jn* 17,21).

En el Concilio de Nicea se trató además el tema de la fecha de la Pascua. A este respecto, todavía hoy existen diferentes posturas, que impiden celebrar el mismo día el acontecimiento fundamental de la fe. Por una circunstancia providencial, esto tendrá lugar precisamente en el Año 2025. Que este acontecimiento sea una llamada para todos los cristianos de Oriente y de Occidente a realizar un paso decisivo hacia la unidad en torno a una fecha común para la Pascua. Muchos, es bueno recordarlo, ya no tienen conocimiento de las disputas del pasado y no comprenden cómo puedan subsistir divisiones al respecto.

Celebrar en la misma fecha la Pascua

Anclados en la esperanza

18. La esperanza, junto con la fe y la caridad, forman el tríptico de las "virtudes teologales", que expresan la esencia de la vida cristiana (*cf. 1 Cor* 13,13; *1 Tes* 1,3). En su dinamismo inseparable, la esperanza es la que, por así decirlo, señala la orientación, indica la dirección y la finalidad de la existencia cristiana. Por eso el apóstol Pablo nos invita a «alegrarnos en la esperanza, a ser pacientes en la tribulación y perseverantes en la oración» (*cf. Rom* 12,12). Sí, necesitamos que «sobreabunde la esperanza» (*cf. Rom* 15,13) para testimoniar de manera creíble y atrayente la fe y el amor que llevamos en el corazón; para que la fe sea gozosa y la caridad entusiasta; para que cada uno sea capaz de dar aunque sea una sonrisa, un gesto de amistad, una mirada fraterna, una escucha sincera, un servicio gratuito, sabiendo que, en el Espíritu de Jesús, esto puede convertirse en una semilla fecunda de esperanza para quien lo recibe. Pero, ¿cuál es el fundamento de nuestra espera? Para comprenderlo es bueno que nos detengamos en las razones de nuestra esperanza (*cf. 1 Pe* 3,15).

La esperanza señala la finalidad de la existencia cristiana

19. «Creo en la *vida eterna*»[12]: así lo profesa nuestra fe y la esperanza cristiana encuentra en estas palabras una base fundamental. La esperanza, en efecto, «es la virtud teologal por la que aspiramos [...] a la vida eterna como felicidad nuestra».[13] El Concilio Ecuménico Vaticano II afirma: «Cuando [...] faltan ese fundamento divino y esa esperanza de la vida eterna, la dignidad humana sufre lesiones gravísimas —es lo que hoy con frecuencia sucede—, y los enigmas de la vida y de la muerte, de la culpa y del dolor, quedan sin solucionar, llevando no raramente al hombre a la desesperación».[14] Nosotros, en cambio, en virtud de la esperanza en la que hemos sido salvados, mirando al tiempo que pasa, tenemos la certeza de que la historia de la humanidad y la de cada uno de nosotros no se

Vivamos en la esperanza de vivir para siempre en el Señor

---

[12] *Símbolo de los Apóstoles*: H. Denzinger – A. Schönmetzer, *Enchiridion Symbolorum definitionum et declarationum de rebus fidei et morum*, n. 30.
[13] *Catecismo de la Iglesia Católica* 1817.
[14] Constitución pastoral *Gaudium et spes* 21.

dirigen hacia un punto ciego o un abismo oscuro, sino que se orientan al encuentro con el Señor de la gloria. Vivamos por tanto en la espera de su venida y en la esperanza de vivir para siempre en Él. Es con este espíritu que hacemos nuestra la ardiente invocación de los primeros cristianos, con la que termina la Sagrada Escritura: «¡Ven, Señor Jesús!» (*Ap* 22,20).

Jesús muerto y resucitado, el centro de nuestra fe

20. Jesús muerto y resucitado es el centro de nuestra fe. San Pablo, al enunciar en pocas palabras este contenido —utiliza solo cuatro verbos—, nos transmite el "núcleo" de nuestra esperanza: «Les he trasmitido en primer lugar, lo que yo mismo recibí: Cristo murió por nuestros pecados, conforme a la Escritura. Fue sepultado y resucitó al tercer día, de acuerdo con la Escritura. Se apareció a Pedro y después a los Doce» (*1 Cor* 15,3-5). Cristo *murió*, *fue sepultado*, *resucitó*, *se apareció*. Por nosotros atravesó el drama de la muerte. El amor del Padre lo resucitó con la fuerza del Espíritu, haciendo de su humanidad la primicia de la eternidad para nuestra salvación. La esperanza cristiana consiste precisamente en esto: ante la muerte, donde parece que todo acaba, se recibe la certeza de que, gracias a Cristo, a su gracia, que nos ha sido comunicada en el Bautismo, «la vida no termina, sino que se transforma»[15] para siempre. En el Bautismo, en efecto, sepultados con Cristo, recibimos en Él resucitado el don de una vida nueva, que derriba el muro de la muerte, haciendo de ella un pasaje hacia la eternidad.

Redescubrir el don de la vida nueva recibida en el Bautismo

Y si bien, frente a la *muerte* —dolorosa separación que nos obliga a dejar a nuestros seres más queridos— no cabe discurso alguno, el Jubileo nos ofrecerá la oportunidad de redescubrir, con inmensa gratitud, el don de esa vida nueva recibida en el Bautismo, capaz de transfigurar su dramaticidad. En el contexto jubilar, es significativo reflexionar sobre cómo se ha comprendido este misterio desde los primeros siglos de nuestra fe. Por ejemplo, los cristianos, durante mucho tiempo construyeron la pila bautismal de forma octogonal, y todavía hoy podemos admirar muchos bautisterios antiguos que conservan dicha forma, como en San Juan de Letrán en Roma. Esto indica que en la fuente baustismal se inaugura el octavo día, es decir, el de la resurrección, el día que va más allá del tiempo habitual, marcado por la sucesión de las semanas, abriendo así el ciclo del tiempo a la dimensión de la eternidad, a la vida que dura para siempre. Esta es la meta a la que tendemos en nuestra peregrinación terrena (*cf. Rom* 6,22).

Los mártires, testimonio de esperanza

El testimonio más convincente de esta esperanza nos lo ofrecen los *mártires*, que, firmes en la fe en Cristo resucitado, supieron renunciar a la vida terrena con tal de no traicionar a su Señor. Ellos están presentes en todas las épocas y son numerosos, quizás más que nunca en nuestros días, como confesores de la vida que no tiene fin. Necesitamos conservar su testimonio para hacer fecunda nuestra esperanza.

---

[15] Misal Romano, *Prefacio de difuntos I*.

Estos mártires, pertenecientes a las diversas tradiciones cristianas, son también semillas de unidad porque expresan el ecumenismo de la sangre. Durante el Jubileo, por lo tanto, mi vivo deseo es que haya una celebración ecuménica donde se ponga de manifiesto la riqueza del testimonio de estos mártires.

Los mártires, semilla de unidad

21. ¿Qué será de nosotros, entonces, después de la muerte? Más allá de este umbral está la vida eterna con Jesús, que consiste en la plena comunión con Dios, en la contemplación y participación de su amor infinito. Lo que ahora vivimos en la esperanza, después lo veremos en la realidad. San Agustín escribía al respecto: «Cuando me haya unido a Ti con todo mi ser, nada será para mí dolor ni pena. Será verdadera vida mi vida, llena de Ti».[16] ¿Qué caracteriza, por tanto, esta comunión plena? El ser felices. *La felicidad* es la vocación del ser humano, una meta que atañe a todos.

¿Qué será de nosotros después de la muerte? La plena comunión con Dios

Pero, ¿qué es la felicidad? ¿Qué felicidad esperamos y deseamos? No se trata de una alegría pasajera, de una satisfacción efímera que, una vez alcanzada, sigue pidiendo siempre más, en una espiral de avidez donde el espíritu humano nunca está satisfecho, sino que más bien siempre está más vacío. Necesitamos una felicidad que se realice definitivamente en aquello que nos plenifica, es decir, en el amor, para poder exclamar, ya desde ahora: Soy amado, luego existo; y existiré por siempre en el Amor que no defrauda y del que nada ni nadie podrá separarme jamás. Recordemos una vez más las palabras del Apóstol: «Porque tengo la certeza de que ni la muerte ni la vida, ni los ángeles ni los principados, ni lo presente ni lo futuro, ni los poderes espirituales, ni lo alto ni lo profundo, ni ninguna otra criatura podrá separarnos jamás del amor de Dios, manifestado en Cristo Jesús, nuestro Señor» (*Rom* 8,38-39).

¿Qué felicidad esperamos y deseamos? Una felicidad que nos plenifica en el amor

22. Otra realidad vinculada con la vida eterna es el *juicio de Dios*, que tiene lugar tanto al culminar nuestra existencia terrena como al final de los tiempos. Con frecuencia, el arte ha intentado representarlo —pensemos en la obra maestra de Miguel Ángel en la Capilla Sixtina— acogiendo la concepción teológica de su tiempo y transmitiendo a quien observa un sentimiento de temor. Aunque es justo disponernos con gran conciencia y seriedad al momento que recapitula la existencia, al mismo tiempo es necesario hacerlo siempre desde la dimensión de la esperanza, virtud teologal que sostiene la vida y hace posible que no caigamos en el miedo. El juicio de Dios, que es amor (*cf. 1 Jn* 4,8.16), no podrá basarse más que en el amor, de manera especial en cómo lo hayamos ejercitado respecto a los más necesitados, en los que Cristo, el mismo Juez, está presente (*cf. Mt* 25,31-46). Se trata, por lo tanto, de un juicio diferente al de los hombres y los tribunales terrenales; debe entenderse como una relación en la verdad con Dios amor y con uno mismo en el corazón del misterio insondable de la misericordia divina.

Disponernos al juicio de Dios desde la esperanza

[16] *Confesiones* X, 28.

En este sentido, la Sagrada Escritura afirma: «Tú enseñaste a tu pueblo que el justo debe ser amigo de los hombres y colmaste a tus hijos de una feliz esperanza, porque, después del pecado, das lugar al arrepentimiento [...] y, al ser juzgados, contamos con tu misericordia» (*Sab* 12,19.22). Como escribía Benedicto XVI, «en el momento del Juicio experimentamos y acogemos este predominio de su amor sobre todo el mal en el mundo y en nosotros. El dolor del amor se convierte en nuestra salvación y nuestra alegría».[17]

El juicio está dirigido a abrirnos al encuentro definitivo con el Señor, también para quienes nos han precedido

El Juicio, entonces, se refiere a la salvación que esperamos y que Jesús nos ha obtenido con su muerte y resurrección. Por lo tanto, está dirigido a abrirnos al encuentro definitivo con Él. Y dado que no es posible pensar en ese contexto que el mal realizado quede escondido, este necesita ser *purificado*, para permitirnos el paso definitivo al amor de Dios. Se comprende en este sentido la necesidad de rezar por quienes han finalizado su camino terreno; solidarizándose en la intercesión orante que encuentra su propia eficacia en la comunión de los santos, en el vínculo común que nos une con Cristo, primogénito de la creación. De esta manera la indulgencia jubilar, en virtud de la oración, está destinada en particular a los que nos han precedido, para que obtengan plena misericordia.

Indulgencia: la plenitud del perdón de Dios sin límites

23. La *indulgencia*, en efecto, permite descubrir cuán ilimitada es la misericordia de Dios. No sin razón en la antigüedad el término "misericordia" era intercambiable con el de "indulgencia", precisamente porque pretende expresar la plenitud del perdón de Dios que no conoce límites.

La Reconciliación: dejarnos reconciliar con Dios experimentando su perdón

El *sacramento de la Penitencia* nos asegura que Dios quita nuestros pecados. Resuenan con su carga de consuelo las palabras del Salmo: «Él perdona todas tus culpas y cura todas tus dolencias; rescata tu vida del sepulcro, te corona de amor y de ternura. [...] El Señor es bondadoso y compasivo, lento para enojarse y de gran misericordia; [...] no nos trata según nuestros pecados ni nos paga conforme a nuestras culpas. Cuanto se alza el cielo sobre la tierra, así de inmenso es su amor por los que lo temen; cuanto dista el oriente del occidente, así aparta de nosotros nuestros pecados» (*Sal* 103,3-4.8.10-12). La Reconciliación sacramental no es solo una hermosa oportunidad espiritual, sino que representa un paso decisivo, esencial e irrenunciable para el camino de fe de cada uno. En ella permitimos que Señor destruya nuestros pecados, que sane nuestros corazones, que nos levante y nos abrace, que nos muestre su rostro tierno y compasivo. No hay mejor manera de conocer a Dios que dejándonos reconciliar con Él (*cf. 2 Cor* 5,20), experimentando su perdón. Por eso, no renunciemos a la Confesión, sino redescubramos la belleza del sacramento de la sanación y la alegría, la belleza del perdón de los pecados.

---

[17] Carta encíclica *Spe salvi* 47.

Sin embargo, como sabemos por experiencia personal, el pecado "deja huella", lleva consigo unas consecuencias; no solo exteriores, en cuanto consecuencias del mal cometido, sino también interiores, en cuanto «todo pecado, incluso venial, entraña apego desordenado a las criaturas que es necesario purificar, sea aquí abajo, sea después de la muerte, en el estado que se llama Purgatorio».[18] Por lo tanto, en nuestra humanidad débil y atraída por el mal, permanecen los "efectos residuales del pecado". Estos son removidos por la indulgencia, siempre por la gracia de Cristo, el cual, como escribió san Pablo VI, es «nuestra "indulgencia"».[19] La Penitenciaría Apostólica se encargará de emanar las disposiciones para poder obtener y hacer efectiva la práctica de la indulgencia jubilar.

Hacer efectiva la práctica de la indulgencia jubilar

Esa experiencia colmada de perdón no puede sino abrir el corazón y la mente a *perdonar*. Perdonar no cambia el pasado, no puede modificar lo que ya sucedió; y, sin embargo, el perdón puede permitir que cambie el futuro y se viva de una manera diferente, sin rencor, sin ira ni venganza. El futuro iluminado por el perdón hace posible que el pasado se lea con otros ojos, más serenos, aunque estén aún surcados por las lágrimas.

El futuro iluminado por el perdón para leer el pasado con otros ojos

Durante el último Jubileo extraordinario instituí los *Misioneros de la Misericordia*, que siguen realizando una misión importante. Que durante el próximo Jubileo también ejerciten su ministerio, devolviendo la esperanza y perdonando cada vez que un pecador se dirige a ellos con corazón abierto y espíritu arrepentido. Que sigan siendo instrumentos de reconciliación y ayuden a mirar el futuro con la esperanza del corazón que proviene de la misericordia del Padre. Quisiera que los obispos aprovecharan su valioso servicio, enviándolos especialmente allí donde la esperanza se pone a dura prueba, como las cárceles, los hospitales y los lugares donde la dignidad de la persona es pisoteada; en las situaciones más precarias y en los contextos de mayor degradación, para que nadie se vea privado de la posibilidad de recibir el perdón y el consuelo de Dios.

Los Misioneros de la Misericordia

24. La esperanza encuentra en la *Madre de Dios* su testimonio más alto. En ella vemos que la esperanza no es un fútil optimismo, sino un don de gracia en el realismo de la vida. Como toda madre, cada vez que María miraba a su Hijo pensaba en el futuro, y ciertamente en su corazón permanecían grabadas esas palabras que Simeón le había dirigido en el templo: «Este niño será causa de caída y de elevación para muchos en Israel; será signo de contradicción, y a ti misma una espada te atravesará el corazón». (*Lc* 2,34-35). Por eso, al pie de la cruz, mientras veía a Jesús inocente sufrir y morir, aun atravesada por un dolor desgarrador, repetía su "sí", sin perder la esperanza y la confianza en el Señor.

María, *Stella Maris*, Madre de la Esperanza, nos invita a confiar y a seguir esperando

---

[18] *Catecismo de la Iglesia Católica* 1472.
[19] Carta apostólica *Apostolorum limina* (23 mayo 1974), II.

De ese modo ella cooperaba por nosotros en el cumplimiento de lo que había dicho su Hijo, anunciando que «debía sufrir mucho y ser rechazado por los ancianos, los sumos sacerdotes y los escribas; que debía ser condenado a muerte y resucitar después de tres días» (*Mc* 8,31), y en el tormento de ese dolor ofrecido por amor se convertía en nuestra Madre, Madre de la esperanza. No es casual que la piedad popular siga invocando a la Santísima Virgen como *Stella maris*, un título expresivo de la esperanza cierta de que, en los borrascosos acontecimientos de la vida, la Madre de Dios viene en nuestro auxilio, nos sostiene y nos invita a confiar y a seguir esperando.

Los santuarios, lugares de acogida y espacios privilegiados para generar esperanza

A este respecto, me es grato recordar que el Santuario de Nuestra Señora de Guadalupe en la Ciudad de México se está preparando para celebrar, en el 2031, los 500 años de la primera aparición de la Virgen. Por medio de Juan Diego, la Madre de Dios hacía llegar un revolucionario mensaje de esperanza que aún hoy repite a todos los peregrinos y a los fieles: «¿Acaso no estoy yo aquí, que soy tu madre?».[20] Un mensaje similar se graba en los corazones en tantos santuarios marianos esparcidos por el mundo, metas de numerosos peregrinos, que confían a la Madre de Dios sus preocupaciones, sus dolores y sus esperanzas. Que en este Año jubilar los santuarios sean lugares santos de acogida y espacios privilegiados para generar esperanza. Invito a los peregrinos que vendrán a Roma a detenerse a rezar en los santuarios marianos de la ciudad para venerar a la Virgen María e invocar su protección. Confío en que todos, especialmente los que sufren y están atribulados, puedan experimentar la cercanía de la más afectuosa de las madres que nunca abandona a sus hijos; ella que para el santo Pueblo de Dios es «signo de esperanza cierta y de consuelo».[21]

Invitación a no perder nunca la esperanza

25. Mientras nos acercamos al Jubileo, volvamos a la Sagrada Escritura y sintamos dirigidas a nosotros estas palabras: «Nosotros, los que acudimos a él, nos sentimos poderosamente estimulados a aferrarnos a la esperanza que se nos ofrece. Esta esperanza que nosotros tenemos es como *un ancla* del alma, *sólida y firme*, que penetra más allá del velo, allí mismo donde Jesús entró por nosotros, como precursor» (*Heb* 6,18-20). Es una invitación fuerte a no perder nunca la esperanza que nos ha sido dada, a abrazarla encontrando refugio en Dios.

Anclados en Cristo, la esperanza nos exhorta a caminar hacia la meta a la que hemos sido llamados

La imagen del ancla es sugestiva para comprender la estabilidad y la seguridad que poseemos si nos encomendamos al Señor Jesús, aun en medio de las aguas agitadas de la vida. Las tempestades nunca podrán prevalecer, porque estamos anclados en la esperanza de la gracia, que nos hace capaces de vivir en Cristo superando el pecado, el miedo y la muerte. Esta esperanza, mucho más grande que las satisfacciones de cada día y que las mejoras de las condiciones de vida, nos transporta

---

[20] *Nican Mopohua*, n. 119.
[21] Constitución dogmática *Lumen gentium* 68.

más allá de las pruebas y nos exhorta a caminar sin perder de vista la grandeza de la meta a la que hemos sido llamados, el cielo.

El próximo Jubileo, por tanto, será un Año Santo caracterizado por la esperanza que no declina, la esperanza en Dios. Que nos ayude también a recuperar la confianza necesaria —tanto en la Iglesia como en la sociedad— en los vínculos interpersonales, en las relaciones internacionales, en la promoción de la dignidad de toda persona y en el respeto de la creación. Que el testimonio creyente pueda ser en el mundo levadura de genuina esperanza, anuncio de cielos nuevos y tierra nueva (*cf. 2 Pe* 3,13), donde habite la justicia y la concordia entre los pueblos, orientados hacia el cumplimiento de la promesa del Señor.

Año Santo caracterizado por la esperanza

Dejémonos atraer desde ahora por la esperanza y permitamos que a través de nosotros sea contagiosa para cuantos la desean. Que nuestra vida pueda decirles: «Espera en el Señor y sé fuerte; ten valor y espera en el Señor» (*Sal* 27,14). Que la fuerza de esa esperanza pueda colmar nuestro presente en la espera confiada de la venida de Nuestro Señor Jesucristo, a quien sea la alabanza y la gloria ahora y por los siglos futuros.

Que la fuerza de esa esperanza pueda colmar nuestro presente

Dado en Roma, en San Juan de Letrán, el 9 de mayo, Solemnidad de la Ascensión de Nuestro Señor Jesucristo, del año 2024, duodécimo de Pontificado.

PEREGRINOS DE ESPERANZA

ENCUENTRO CON EL SEÑOR JESÚS

- Anunciar el evangelio de la esperanza
- Con paciencia que la mantiene viva

REAVIVAR LA ESPERAZA

- Que se fundamenta en la fe y se nutre de la caridad
- Que no defrauda

VIDA CRISTIANA, CAMINO DE ESPERANZA

Peregrinación
- Buscar el sentido de la vida
- Recorrer caminos antiguos y modernos

→

- Manantial de la esperanza: reconciliación
- Ofrecer experiencias del amor de Dios

Abrir las puertas
- A la experiencia de gracia y esperanza

→

- Oasis de espiritualidad
- Que la luz de la esperanza pueda llegar a todos

Momentos fuertes
- Buscar el sentido de la vida
- Recorrer caminos antiguos y modernos

→

- Paz para el mundo
- Mirar el futuro con esperanza
- Apoyar una alianza social para la esperanza
- Apoyar la alegría de vivir

Ser signos tangibles de esperanza
- Iniciativas que devuelvan la esperanza a los...

→

- **Presos**: actos de clemencia y libertad
- **Enfermos**: cercanía y afecto
- **Jóvenes:** estímulo y cercanía
- **Migrantes:** acogida y seguridad
- **Ancianos:** valorar su sabiduría

Llamamientos a la esperanza

→

- Acabar con el hambre.
- Condonar deudas de los países pobres:
- Concretar la sinodalidad: avanzar hacia la unidad

Anclados en la esperanza
- Vivir siempre para el Señor
- Jesús muerto y resucitado, el centro de nuestra fe

→

- Descubrir el don de la vida: Bautismo
- Mártires, semillas de esperanza
- Ser felices para siempre: predominio del amor
- Encuentro con quienes nos han precedido

ABRIR EL CORAZÓN Y LA MENTE A PERDONAR / NO PERDER NUNCA LA ESPERANZA

La esperanza no defrauda

«Bajo el signo de la esperanza el apóstol Pablo infundía aliento a la comunidad cristiana de Roma. La esperanza también constituye el mensaje central del próximo Jubileo, que según una antigua tradición el Papa convoca cada veinticinco años». Lo que el papa Francisco presenta en la bula nos ayudará a celebrarlo.

Redescubrir, anunciar y construir la esperanza

En este caso, proponemos releer el texto de la homilía del papa Francisco en la presentación de la bula *Spes non confundit* (ver páginas 13-14).

👁 Leo personalmente y con atención el texto.

✏ Subrayo aquello que más me llama la atención y quiero destacar. Al final elijo tres frases. Están en los números _____ _____ _____.

? Pongo un signo de interrogación en las frases que me cuestionan, que quiero aclarar, que no sé cómo llevarlas a la práctica, que no entiendo... Al final elijo tres. Están en los números _____ _____ _____.

¡! Pongo un signo de admiración en las frases que son muy sugerentes y me iluminan para la acción posterior. Al final elijo tres frases. Están en los párrafos _____ _____ _____.

👤 Saco conclusiones para la acción en los ámbitos en que nos movemos.

1. _____

2. _____

▪ **Oramos juntos**

Ejemplos de oración para el Jubileo 2025

Podemos iniciar nuestro encuentro con alguna de las oraciones preparadas para el Jubileo y que son fruto de las diversas tradiciones espirituales de la Iglesia y están elaboradas a partir de la *Oración del Jubileo*, escrita por el papa Francisco. Pueden usarse también en otros encuentros, ya sea al principio o al final.

• Oración de intercesión

«Oh Padre, en tu misericordia, escucha las suplicas de tus hijos.
En el camino del Jubileo del 2025 que estamos recorriendo,
renueva nuestra fe y acrecienta
en nosotros la esperanza y la caridad,
ayudándonos a ser testigos de tu amor en el mundo».

• Oración de alabanza

«Te alabamos, Señor, por tu infinita bondad.
En el Jubileo que estamos celebrando,
abre nuestros ojos a la belleza de tu creación,
para que nuestros corazones puedan gozar
en la admiración por la grandeza de tus obras».

• Oración de agradecimiento

«Te agradecemos, oh Dios, por todos los bienes y dones recibidos.
En este tiempo de celebración del Jubileo,
enséñanos a reconocer tu mano
en todo momento de nuestra vida,
acogiendo cada día como un don
de tu amor y de tu misericordia».

• Oración de petición

«Señor, fuente de toda sabiduría,
guíanos durante este año de la celebración del Jubileo.
Dónanos corazones abiertos y mentes iluminadas
para comprender y vivir plenamente los dones
de la misericordia y del perdona».

■ ¿Cómo vivimos?

▶ **Compartimos** en grupo nuestro trabajo personal.

  - ¿Qué hemos descubierto?
  - ¿A qué conclusiones llegamos?
  - ¿Qué aplicaciones podemos hacer a nuestra tarea como evangelizadores?

Conclusiones y aplicaciones
•
•
•

▶ Profundizamos y concretamos:

■ ¿Qué podemos hacer durante el Jubileo para llevar a cabo algunas propuesta que presenta el papa Francisco?

_____

_____

■ ¿Qué puertas –reales y simbólicas– puedo abrir yo para mí y para otros?

_____

_____

■ ¿Cómo podemos manifestar la alegría de vivir? Concretar varias formas distintas.

_____

_____

■ ¿En qué podemos ser –nosotros y nuestro grupo– signos sensibles de esperanza? Concretamos acciones con algún grupo concreto de personas citadas por el papa.

_____

_____

■ ¿Qué podemos hacer para logar que Jesús muerto y resucitado sea el centro de nuestra fe?

_____

_____

■ **¿Qué podemos hacer y cómo?**

▶ Concretamos líneas de acción en los diversos ámbitos en los que estamos.

¿Qué podemos hacer?	¿Cómo?
•	•
•	•

Lectura teológica del logo

El logo para el Jubileo 2025 revela un profundo simbolismo que provoca la reflexión y a la contemplación. Con un diseño que invita a la observación minuciosa, expresa la intención del Jubileo. Podemos centrarnos en él en algún momento de la sesión introductoria.

Esta interpretación teológica nos invita a profundizar en nuestra fe y a abrazar con confianza el camino que iniciará el 24 de diciembre 2024. [Se puede ver el logo a color en la cubierta].

1 Cuatro figuras

El logo representa cuatro figuras estilizadas que indican la humanidad proveniente desde los cuatro rincones de la tierra (rojo, amarillo, verde y cian).

2 Cruz de Cristo

Signo de la fe y de la esperanza que nunca puede ser abandonada sobre todo en los momentos de mayor necesidad. La cruz no es estática, sino dinámica, y se curva hacia la humanidad. La primera figura está aferrada a la cruz: indica la humanidad aferrada a la fe.

3 Abrazos y peregrinación

La imagen muestra cómo el camino del peregrino no es un hecho individual, sino comunitario, con la impronta de un dinamismo en crecimiento que tiende cada vez más hacia la Cruz.

4 Ancla de la esperanza

La parte inferior de la Cruz, que se prolonga en forma de ancla, se impone al movimiento de las

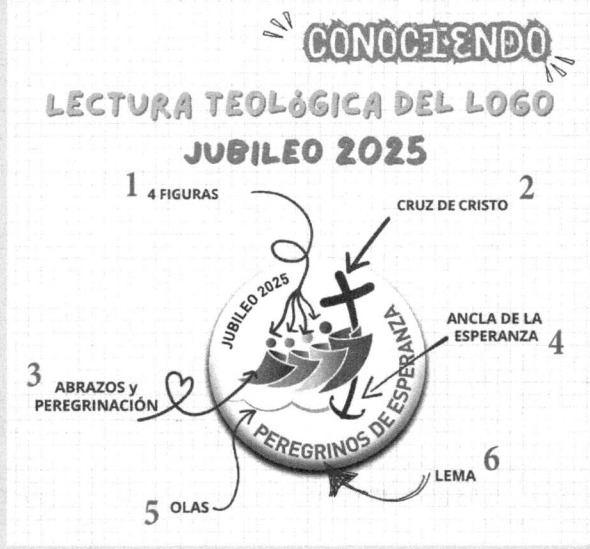

olas. Como sabemos, el ancla se ha utilizado a menudo como metáfora de la esperanza. El ancla de la esperanza, de hecho, es el nombre que recibe en el lenguaje de los marinos el ancla de reserva, utilizada por las embarcaciones para realizar maniobras de emergencia para estabilizar el barco durante las tormentas.

5 Olas

Las olas –del mar de la vida– están en movimiento y agitadas: muestran que la peregrinación de la vida no siempre se mueve por aguas tranquilas.

6 Lema del Jubileo

Lema (Peregrinos de esperanza) de color verde –signo de esperanza– para expresar la necesidad de dar sentido al presente en un verdadero impulso hacia el futuro, reconociendo y respondiendo a los diversos desafíos que plantean los tiempos.

PARA ESCUCHAR, CANTAR Y COMENTAR

El himno oficial del Jubileo 2025, con letra de Pierangelo Sequeri y versión en español de la Conferencia Episcopal Española, musicalizado por Francesco Meneghello, alude a numerosos temas del Año Santo: la creación, la fraternidad, la ternura de Dios y la esperanza en el destino...

Paso a paso, el pueblo de los creyentes en su peregrinación diaria se apoya confiadamente en la fuente de la Vida. Es Dios quien, como una llama siempre viva, mantiene encendida la esperanza y da energía a los pasos del pueblo que camina en la peregrinación de la vida.

El Padre observa con paciencia y ternura la peregrinación de sus hijos y les abre de par en par el Camino, señalando a Jesús, su Hijo, que se convierte en espacio de camino para todos.

▶ Ver el vídeo con la partitura y escuchar la canción en www.e-sm.net/223738_1.

Peregrinos de esperanza

Llama viva para mi esperanza,
que este canto llegue hasta ti,
seno eterno de infinita vida,
me encamino, yo confío en ti.

Toda lengua, pueblos y naciones
hallan luces siempre en tu Palabra.
Hijos, hijas, frágiles, dispersos,
acogidos en tu Hijo amado.

Llama viva para mi esperanza...

Dios nos cuida, tierno y paciente
nace el día, un futuro nuevo.
Cielos nuevos y una tierra nueva.
Caen muros gracias al Espíritu.

Llama viva para mi esperanza...

Una senda tienes por delante,
paso firme, Dios sale a tu encuentro.
Mira al Hijo que se ha hecho hombre
para todos, él es el camino.

Llama viva para mi esperanza...

- Relacionamos el contenido del himno del Jubileo con lo que dice el papa en la bula de convocación. ¿Qué coincidencias hay?
- Nos fijamos también en los aspectos de la bula a los que no alude. ¿Qué tal si hacemos otra estrofa que los incorpore?

Oración del Jubileo

Padre que estás en el cielo,
la fe que nos has donado
en tu Hijo Jesucristo, nuestro hermano,
y la llama de caridad
infundida en nuestros corazones por el Espíritu Santo
despierten en nosotros la bienaventurada esperanza
en la venida de tu Reino.

Tu gracia nos transforme
en dedicados cultivadores de las semillas del Evangelio
que fermenten la humanidad y el cosmos
en espera confiada
de los cielos nuevos y de la tierra nueva,
cuando, vencidas las fuerzas del mal,
se manifestará para siempre tu gloria.

La gracia del Jubileo
reavive en nosotros, Peregrinos de Esperanza,
el anhelo de los bienes celestiales
y derrame en el mundo entero
la alegría y la paz
de nuestro Redentor.
A ti, Dios bendito eternamente,
sea la alabanza y la gloria por los siglos. Amén.

Papa Francisco

EN ESPERANZA
FUIMOS SALVADOS

CARTA ENCÍCLICA *SPE SALVI*

DEL SUMO PONTÍFICE

BENEDICTO XVI

A LOS OBISPOS, A LOS PRESBÍTEROS
Y DIÁCONOS,

A LAS PERSONAS CONSAGRADAS

Y A TODOS LOS FIELES LAICOS

SOBRE LA ESPERANZA CRISTIANA

Introducción

1. «*SPE SALVI facti sumus*» –en esperanza fuimos salvados–, dice san Pablo a los Romanos y también a nosotros (*Rom* 8,24).

Según la fe cristiana, la "redención", la salvación, no es simplemente un dato de hecho. Se nos ofrece la salvación en el sentido de que se nos ha dado la esperanza, una esperanza fiable, gracias a la cual podemos afrontar nuestro presente: el presente, aunque sea un presente fatigoso, se puede vivir y aceptar si lleva hacia una meta, si podemos estar seguros de esta meta y si esta meta es tan grande que justifique el esfuerzo del camino.

Ahora bien, se nos plantea inmediatamente la siguiente pregunta: pero, ¿de qué género ha de ser esta esperanza para poder justificar la afirmación de que a partir de ella, y simplemente porque hay esperanza, somos redimidos por ella? Y, ¿de qué tipo de certeza se trata?

La fe es esperanza

2. Antes de ocuparnos de estas preguntas que nos hemos hecho, y que hoy son percibidas de un modo particularmente intenso, hemos de escuchar todavía con un poco más de atención el testimonio de la Biblia sobre la esperanza. En efecto, "esperanza" es una palabra central de la fe bíblica, hasta el punto de que en muchos pasajes las palabras "fe" y "esperanza" parecen intercambiables. Así, la *Carta a los Hebreos* une estrechamente la "plenitud de la fe" (10,22) con la "firme confesión de la esperanza" (10,23). También cuando la *Primera Carta de Pedro* exhorta a los cristianos a estar siempre prontos para dar una respuesta sobre el *logos* –el sentido y la razón– de su esperanza (*cf.* 3,15), "esperanza" equivale a "fe".

El testimonio de la Biblia sobre la esperanza

El haber recibido como don una esperanza fiable fue determinante para la conciencia de los primeros cristianos, como se pone de manifiesto también cuando la existencia cristiana se compara con la vida anterior a la fe o con la situación de los seguidores de otras religiones. Pablo recuerda a los Efesios cómo antes de su encuentro con Cristo no tenían en el mundo "ni esperanza ni Dios" (*Ef* 2,12). Naturalmente, él sabía que habían tenido dioses, que habían tenido una religión, pero sus dioses se habían demostrado inciertos y de sus mitos contradictorios no surgía esperanza alguna. A pesar de los dioses, estaban "sin Dios" y, por consiguiente, se hallaban en un mundo oscuro, ante un futuro sombrío. "*In nihil ab nihilo quam cito recidimus*" (en la nada, de la nada, qué pronto recaemos)[1], dice un epitafio de aquella época, palabras en las que aparece sin medias tintas lo mismo a lo que Pablo se refería.

Esperanza fiable recibida como don

En el mismo sentido les dice a los Tesalonicenses: "No os aflijáis como los hombres sin esperanza" (*1 Tes* 4,13). En este caso aparece también como elemento distintivo de los cristianos el hecho de que ellos tienen un futuro: no es que conozcan los pormenores de lo que les espera, pero saben que su vida, en conjunto, no acaba en el vacío. Solo cuando el futuro es cierto como realidad positiva, se hace llevadero también el presente. De este modo, podemos decir ahora: el cristianismo no era solamente una "buena noticia", una comunicación de contenidos desconocidos hasta aquel momento. En nuestro lenguaje se diría: el mensaje cristiano no era solo "informativo", sino "performativo". Eso significa que el Evangelio no es solamente una comunicación de cosas que se pueden

Quien tiene esperanza vive de otra manera

---

[1] *Cf. Corpus Inscriptionum Latinarum*, vol. VI, n. 26003.

saber, sino una comunicación que comporta hechos y cambia la vida. La puerta oscura del tiempo, del futuro, ha sido abierta de par en par. Quien tiene esperanza vive de otra manera; se le ha dado una vida nueva.

Llegar a conocer a Dios: recibir esperanza

3. Pero ahora se plantea la pregunta: ¿en qué consiste esta esperanza que, en cuanto esperanza, es "redención"? Pues bien, el núcleo de la respuesta se da en el pasaje antes citado de la *Carta a los Efesios*: antes del encuentro con Cristo, los Efesios estaban sin esperanza, porque estaban en el mundo "sin Dios". Llegar a conocer a Dios, al Dios verdadero, eso es lo que significa recibir esperanza. Para nosotros, que vivimos desde siempre con el concepto cristiano de Dios y nos hemos acostumbrado a él, el tener esperanza, que proviene del encuentro real con este Dios, resulta ya casi imperceptible.

El ejemplo de Josefina Bakhita: comunicar la esperanza que la había "redimido"

El ejemplo de una santa de nuestro tiempo puede en cierta medida ayudarnos a entender lo que significa encontrar por primera vez y realmente a este Dios. Me refiero a la africana Josefina Bakhita, canonizada por el papa Juan Pablo II. Nació aproximadamente en 1869 –ni ella misma sabía la fecha exacta– en Darfur, Sudán. Cuando tenía nueve años fue secuestrada por traficantes de esclavos, golpeada y vendida cinco veces en los mercados de Sudán. Terminó como esclava al servicio de la madre y la mujer de un general, donde cada día era azotada hasta sangrar; como consecuencia de ello le quedaron 144 cicatrices para el resto de su vida. Por fin, en 1882 fue comprada por un mercader italiano para el cónsul italiano Callisto Legnani que, ante el avance de los mahdistas, volvió a Italia. Aquí, después de los terribles "dueños" de los que había sido propiedad hasta aquel momento, Bakhita llegó a conocer un "dueño" totalmente diferente –que llamó "paron" en el dialecto veneciano que ahora había aprendido–, al Dios vivo, el Dios de Jesucristo. Hasta aquel momento solo había conocido dueños que la despreciaban y maltrataban o, en el mejor de los casos, la consideraban una esclava útil. Ahora, por el contrario, oía decir que había un "Paron" por encima de todos los dueños, el Señor de todos los señores, y que este Señor es bueno, la bondad en persona. Se enteró de que este Señor también la conocía, que la había creado también a ella; más aún, que la quería. También ella era amada, y precisamente por el "Paron" supremo, ante el cual todos los demás no son más que míseros siervos. Ella era conocida y amada, y era esperada. Incluso más: este Dueño había afrontado personalmente el destino de ser maltratado y ahora la esperaba "a la derecha de Dios Padre". En este momento tuvo "esperanza"; no solo la pequeña esperanza de encontrar dueños menos crueles, sino la gran esperanza: yo soy definitivamente amada, suceda lo que suceda; este gran Amor me espera. Por eso mi vida es hermosa. A través del conocimiento de esta esperanza ella fue "redimida", ya no se sentía esclava, sino hija libre de Dios. Entendió lo que Pablo quería decir cuando recordó a los Efesios que antes estaban en el mundo sin esperanza y sin Dios; sin esperanza porque estaban sin Dios. Así, cuando se quiso devolverla a Sudán, Bakhita se negó; no estaba dispuesta a que la separaran de nuevo de su "Paron". El 9 de enero de 1890 recibió el Bautismo, la Confirmación y la primera Comunión de manos del Patriarca de Venecia. El 8 de diciembre de 1896 hizo los votos en Verona, en la Congregación de las hermanas Canosianas, y desde entonces –junto con sus labores en la sacristía y en la portería del claustro– intentó sobre todo, en varios viajes por Italia, exhortar a la misión: sentía el deber de extender la liberación que había recibido mediante el encuentro con el Dios de Jesucristo; que la debían recibir otros, el mayor número posible de personas. La esperanza que en ella había nacido y la había "redimido" no podía guardársela para sí sola; esta esperanza debía llegar a muchos, llegar a todos.

El concepto de esperanza basada en la fe en el Nuevo Testamento y en la Iglesia primitiva

4. Antes de abordar la cuestión sobre si el encuentro con el Dios que nos ha mostrado su rostro en Cristo, y que ha abierto su Corazón, es para nosotros no solo "informativo", sino también "performativo", es decir, si puede transformar nuestra vida hasta hacernos sentir redimidos por la esperanza que dicho encuentro expresa, volvamos de nuevo a la Iglesia primitiva. Es fácil darse cuenta de que la experiencia de la pequeña esclava africana Bakhita fue también la experiencia de muchas personas maltratadas y condenadas a la esclavitud en la época del cristianismo naciente. El cristianismo no traía un mensaje socio-revolucionario como el de Espartaco que, con luchas cruentas, fracasó. Jesús no era Espartaco, no era un combatiente por una liberación política como Barrabás o Bar-Kokebá. Lo que Jesús había traído, habiendo muerto Él mismo en la cruz, era algo totalmente diverso: el encuentro con el Señor de todos los señores, el encuentro con el Dios vivo y, así, el encuentro con una esperanza más fuerte que los sufrimientos de la esclavitud, y que por ello transformaba desde dentro la vida y el mundo.

Iglesia primitiva: encuentro con una esperanza más fuerte que los sufrimientos de la esclavitud

La novedad de lo ocurrido aparece con máxima claridad en la *Carta* de san Pablo a *Filemón*. Se trata de una carta muy personal, que Pablo escribe en la cárcel, enviándola con el esclavo fugitivo, Onésimo, precisamente a su dueño, Filemón. Sí, Pablo devuelve el esclavo a su dueño, del que había huido, y no lo hace mandando, sino suplicando: "Te recomiendo a Onésimo, mi hijo, a quien he engendrado en la prisión [...]. Te lo envío como algo de mis entrañas [...]. Quizás se apartó de ti para que le recobres ahora para siempre; y no como esclavo, sino mucho mejor: como hermano querido" (*Flm* 10-16). Los hombres que, según su estado civil se relacionan entre sí como dueños y esclavos, en cuanto miembros de la única Iglesia se han convertido en hermanos y hermanas unos de otros: así se llamaban mutuamente los cristianos. Habían sido regenerados por el Bautismo, colmados del mismo Espíritu y recibían juntos, unos al lado de otros, el Cuerpo del Señor. Aunque las estructuras externas permanecieran igual, esto cambiaba la sociedad desde dentro.

De esclavo a hermano querido cambiando la sociedad desde dentro

Cuando la *Carta a los Hebreos* dice que los cristianos son huéspedes y peregrinos en la tierra, añorando la patria futura (*cf. Heb* 11,13-16; *Flp* 3,20), no remite simplemente a una perspectiva futura, sino que se refiere a algo muy distinto: los cristianos reconocen que la sociedad actual no es su ideal; ellos pertenecen a una sociedad nueva, hacia la cual están en camino y que es anticipada en su peregrinación.

5. Hemos de añadir todavía otro punto de vista. La *Primera Carta a los Corintios* (1,18-31) nos muestra que una gran parte de los primeros cristianos pertenecía a las clases sociales bajas y, precisamente por eso, estaba preparada para la experiencia de la nueva esperanza, como hemos visto en el ejemplo de Bakhita. No obstante, hubo también desde el principio conversiones en las clases sociales aristocráticas y cultas. Precisamente porque estas también vivían en el mundo "sin esperanza y sin Dios". El mito había perdido su credibilidad; la religión de Estado romana se había esclerotizado convirtiéndose en simple ceremonial, que se cumplía escrupulosamente pero ya reducido solo a una "religión política". El racionalismo filosófico había relegado a los dioses al ámbito de lo irreal. Se veía lo divino de diversas formas en las fuerzas cósmicas, pero no existía un Dios al que se pudiera rezar. Pablo explica de manera absolutamente apropiada la problemática esencial de entonces sobre la religión cuando a la vida "según Cristo" contrapone una vida bajo el señorío de los "elementos del mundo" (*cf. Col* 2,8).

En esta perspectiva, hay un texto de san Gregorio Nacianceno que puede ser muy iluminador. Dice que en el mismo momento en que los Magos, guiados por la estrella, adoraron al nuevo rey, Cristo, llegó el fin para la astrología, porque desde entonces las estrellas giran según la órbita establecida por Cristo[2]. En efecto, en esta escena se invierte la concepción del mundo de entonces que, de modo diverso, también hoy está nuevamente en auge. No son los elementos del cosmos, las leyes de la materia, lo que en definitiva gobierna el mundo y el hombre, sino que es un Dios personal quien gobierna las estrellas, es decir, el universo; la última instancia no son las leyes de la materia y de la evolución, sino la razón, la voluntad, el amor: una Persona. Y si conocemos a esta Persona, y ella a nosotros, entonces el inexorable poder de los elementos materiales ya no es la última instancia; ya no somos esclavos del universo y de sus leyes, ahora somos libres. Esta toma de conciencia ha influenciado en la antigüedad a los espíritus genuinos que estaban en búsqueda. El cielo no está vacío. La vida no es el simple producto de las leyes y de la casualidad de la materia, sino que en todo, y al mismo tiempo por encima de todo, hay una voluntad personal, hay un Espíritu que en Jesús se ha revelado como Amor[3].

---

[2] *Cf. Poemas dogmáticos*, V, 55-64: *PG* 37, 428-429.
[3] *Cf. Catecismo de la Iglesia Católica* 1817-1821.

6. Los sarcófagos de los primeros tiempos del cristianismo muestran visiblemente esta concepción, en presencia de la muerte, ante la cual es inevitable preguntarse por el sentido de la vida. En los antiguos sarcófagos se interpreta la figura de Cristo mediante dos imágenes: la del filósofo y la del pastor. En general, por filosofía no se entendía entonces una difícil disciplina académica, como ocurre hoy. El filósofo era más bien el que sabía enseñar el arte esencial: el arte de ser hombre de manera recta, el arte de vivir y morir. Ciertamente, ya desde hacía tiempo los hombres se habían percatado de que gran parte de los que se presentaban como filósofos, como maestros de vida, no eran más que charlatanes que con sus palabras querían ganar dinero, mientras que no tenían nada que decir sobre la verdadera vida. Esto hacía que se buscase con más ahínco aún al auténtico filósofo, que supiera indicar verdaderamente el camino de la vida.

Hacia finales del siglo III encontramos por vez primera en Roma, en el sarcófago de un niño y en el contexto de la resurrección de Lázaro, la figura de Cristo como el verdadero filósofo, que tiene el Evangelio en una mano y en la otra el bastón de caminante propio del filósofo. Con este bastón Él vence a la muerte; el Evangelio lleva la verdad que los filósofos deambulantes habían buscado en vano. En esta imagen, que después perdurará en el arte de los sarcófagos durante mucho tiempo, se muestra claramente lo que tanto las personas cultas como las sencillas encontraban en Cristo: Él nos dice quién es en realidad el hombre y qué debe hacer para ser verdaderamente hombre. Él nos indica el camino y este camino es la verdad. Él mismo es ambas cosas, y por eso es también la vida que todos anhelamos. Él indica también el camino más allá de la muerte; solo quien es capaz de hacer todo esto es un verdadero maestro de vida.

Lo mismo puede verse en la imagen del pastor. Como ocurría para la representación del filósofo, también para la representación de la figura del pastor la Iglesia primitiva podía referirse a modelos ya existentes en el arte romano. En este, el pastor expresaba generalmente el sueño de una vida serena y sencilla, de la cual tenía nostalgia la gente inmersa en la confusión de la ciudad. Pero ahora la imagen era contemplada en un nuevo escenario que le daba un contenido más profundo: "El Señor es mi pastor, nada me falta... Aunque camine por cañadas oscuras, nada temo, porque tú vas conmigo..." (*Sal* 23 [22],1-4). El verdadero pastor es Aquel que conoce también el camino que pasa por el valle de la muerte; Aquel que incluso por el camino de la última soledad, en el que nadie me puede acompañar, va conmigo guiándome para atravesarlo: Él mismo ha recorrido este camino, ha bajado al reino de la muerte, la ha vencido, y ha vuelto para acompañarnos ahora y darnos la certeza de que, con Él, se encuentra siempre un paso abierto. Saber que existe Aquel que me acompaña incluso en la muerte y que con su "vara y su cayado me sosiega", de modo que "nada temo" (*cf. Sal* 23 [22],4), era la nueva "esperanza" que brotaba en la vida de los creyentes.

Por la fe ya están presentes en nosotros las realidades que se esperan: la vida verdadera

7. Debemos volver una vez más al Nuevo Testamento. En el capítulo undécimo de la *Carta a los Hebreos* (v. 1) se encuentra una especie de definición de la fe que une estrechamente esta virtud con la esperanza. Desde la Reforma, se ha entablado entre los exegetas una discusión sobre la palabra central de esta frase, y en la cual parece que hoy se abre un camino hacia una interpretación común. Dejo por el momento sin traducir esta palabra central. La frase dice así: "La fe es *hypostasis* de lo que se espera y prueba de lo que no se ve". Para los Padres y para los teólogos de la Edad Media estaba claro que la palabra griega *hypostasis* se traducía al latín con el término *substantia*. Por tanto, la traducción latina del texto, elaborada en la Iglesia antigua, dice así: "*Est autem fides sperandarum substantia rerum, argumentum non apparentium*", la fe es la "sustancia" de lo que se espera; prueba de lo que no se ve. Tomás de Aquino[4], usando la terminología de la tradición filosófica en la que se hallaba, explica esto de la siguiente manera: la fe es un *habitus*, es decir, una constante disposición del ánimo, gracias a la cual comienza en nosotros la vida eterna y la razón se siente inclinada a aceptar lo que ella misma no ve. Así pues, el concepto de "sustancia" queda modificado en el sentido de que por la fe, de manera incipiente, podríamos decir "en germen" –por tanto según la "sustancia"– ya están presentes en nosotros las realidades que se esperan: el todo, la vida verdadera. Y precisamente porque la realidad misma ya está presente, esta presencia de lo que vendrá genera también certeza: esta "realidad" que ha de venir no es visible aún en el mundo externo (no "aparece"), pero debido a que, como realidad inicial y dinámica, la llevamos dentro de nosotros, nace ya ahora una cierta percepción de la misma.

La fe nos da ya ahora algo de la realidad esperada, una "prueba" de lo que aún NO SE VE

A Lutero, que no tenía mucha simpatía por la *Carta a los Hebreos* en sí misma, el concepto de "sustancia" no le decía nada en el contexto de su concepción de la fe. Por eso entendió el término *hipóstasis/sustancia* no en sentido objetivo (de realidad presente en nosotros), sino en el sentido subjetivo, como expresión de una actitud interior y, por consiguiente, tuvo que comprender naturalmente también el término *argumentum* como una disposición del sujeto. Esta interpretación se ha difundido también en la exégesis católica en el siglo xx –al menos en Alemania– de tal manera que la traducción ecuménica del Nuevo Testamento en alemán, aprobada por los obispos, dice: "*Glaube aber ist: Feststehen in dem, was man erhofft, Überzeugtsein von dem, was man nicht sieht*" (fe es: estar firmes en lo que se espera, estar convencidos de lo que no se ve). En sí mismo, esto no es erróneo, pero no es el sentido del texto, porque el término griego usado (*elenchos*) no tiene el valor subjetivo de "convicción", sino el significado objetivo de "prueba". Por eso, la exegesis protestante reciente ha llegado con razón a un convencimiento diferente: "Ahora ya no se puede poner en duda que esta interpretación

---

[4] *Summa Theologiae*, II-II, q. 4, a. 1.

protestante, que se ha hecho clásica, es insostenible"[5]. La fe no es solamente un tender de la persona hacia lo que ha de venir, y que está todavía totalmente ausente; la fe nos da algo. Nos da ya ahora algo de la realidad esperada, y esta realidad presente constituye para nosotros una "prueba" de lo que aún no se ve. Esta atrae al futuro dentro del presente, de modo que el futuro ya no es el puro "todavía-no". El hecho de que este futuro exista cambia el presente; el presente está marcado por la realidad futura, y así las realidades futuras repercuten en las presentes y las presentes en las futuras.

8. Esta explicación cobra mayor fuerza aún, y se conecta con la vida concreta, si consideramos el versículo 34 del capítulo 10 de la *Carta a los Hebreos* que, desde el punto de vista lingüístico y de contenido, está relacionado con esta definición de una fe impregnada de esperanza y que al mismo tiempo la prepara. Aquí, el autor habla a los creyentes que han padecido la experiencia de la persecución y les dice: "Compartisteis el sufrimiento de los encarcelados, aceptasteis con alegría que os confiscaran los bienes (*hyparchonton* – vg: *bonorum*), sabiendo que teníais bienes mejores y permanentes (*hyparxin* – vg: *substantiam*)". *Hyparchonta* son las propiedades, lo que en la vida terrenal constituye el sustento, la base, la "sustancia" con la que se cuenta para la vida. Esta "sustancia", la seguridad normal para la vida, se la han quitado a los cristianos durante la persecución. Lo han soportado porque después de todo consideraban irrelevante esta sustancia material. Podían dejarla porque habían encontrado una "base" mejor para su existencia, una base que perdura y que nadie puede quitar. No se puede dejar de ver la relación que hay entre estas dos especies de "sustancia", entre sustento o base material y la afirmación de la fe como "base", como "sustancia" que perdura. La fe otorga a la vida una base nueva, un nuevo fundamento sobre el que el hombre puede apoyarse, de tal manera que precisamente el fundamento habitual, la confianza en la renta material, queda relativizado. Se crea una nueva libertad ante este fundamento de la vida que solo aparentemente es capaz de sustentarla, aunque con ello no se niega ciertamente su sentido normal.

Una fe impregnada de esperanza otorga a la vida un nuevo fundamento, una nueva libertad

Esta nueva libertad, la conciencia de la nueva "sustancia" que se nos ha dado, se ha puesto de manifiesto no solo en el martirio, en el cual las personas se han opuesto a la prepotencia de la ideología y de sus órganos políticos, renovando el mundo con su muerte. También se ha manifestado sobre todo en las grandes renuncias, desde los monjes de la antigüedad hasta Francisco de Asís, y a las personas de nuestro tiempo que, en los Institutos y Movimientos religiosos modernos, han dejado todo por amor de Cristo para llevar a los hombres la fe y el amor de Cristo, para ayudar a las personas que sufren en el cuerpo y en el alma. En estos casos se ha comprobado que la nueva "sustancia" es realmente

Una nueva vida que suscita vida para los demás

---

[5] H. Köster: *ThWNT* VIII (1969), 585.

"sustancia"; de la esperanza de estas personas tocadas por Cristo ha brotado esperanza para otros que vivían en la oscuridad y sin esperanza. En ellos se ha demostrado que esta nueva vida posee realmente "sustancia" y es una "sustancia" que suscita vida para los demás. Para nosotros, que contemplamos estas figuras, su vida y su comportamiento son de hecho una "prueba" de que las realidades futuras, la promesa de Cristo, no es solamente una realidad esperada sino una verdadera presencia: Él es realmente el "filósofo" y el "pastor" que nos indica qué es y dónde está la vida.

Saber esperar: una existencia basada en la certeza de la esperanza

9. Para comprender más profundamente esta reflexión sobre las dos especies de sustancias *hypostasis* e *hyparchonta* y sobre los dos modos de vida expresados con ellas, tenemos todavía que reflexionar brevemente sobre dos palabras relativas a este argumento, que se encuentran en el capítulo 10 de la *Carta a los Hebreos*. Se trata de las palabras *hypomone* (10,36) e *hypostole* (10,39). *Hypomone* se traduce normalmente por "paciencia", perseverancia, constancia. El creyente necesita saber esperar soportando pacientemente las pruebas para poder "alcanzar la promesa" (*cf.* 10,36). En la religiosidad del antiguo judaísmo, esta palabra se usó expresamente para designar la espera de Dios característica de Israel: su perseverar en la fidelidad a Dios basándose en la certeza de la Alianza, en medio de un mundo que contradice a Dios. Así, la palabra indica una esperanza vivida, una existencia basada en la certeza de la esperanza.

Nueva certeza de la espera de Dios, que se ha manifestado en Cristo

En el Nuevo Testamento, esta espera de Dios, este estar de parte de Dios, asume un nuevo significado: Dios se ha manifestado en Cristo. Nos ha comunicado ya la "sustancia" de las realidades futuras y, de este modo, la espera de Dios adquiere una nueva certeza. Se esperan las realidades futuras a partir de un presente ya entregado. Es la espera, ante la presencia de Cristo, con Cristo presente, de que su Cuerpo se complete, con vistas a su llegada definitiva. En cambio, con *hypostole* se expresa el retraerse de quien no se arriesga a decir abiertamente y con franqueza la verdad quizás peligrosa. Este esconderse ante los hombres por espíritu de temor ante ellos lleva a la "perdición" (*Heb* 10,39). Por el contrario, la *Segunda Carta a Timoteo* caracteriza la actitud de fondo del cristiano con una bella expresión: "Dios no nos ha dado un espíritu cobarde, sino un espíritu de energía, amor y buen juicio" (1,7).

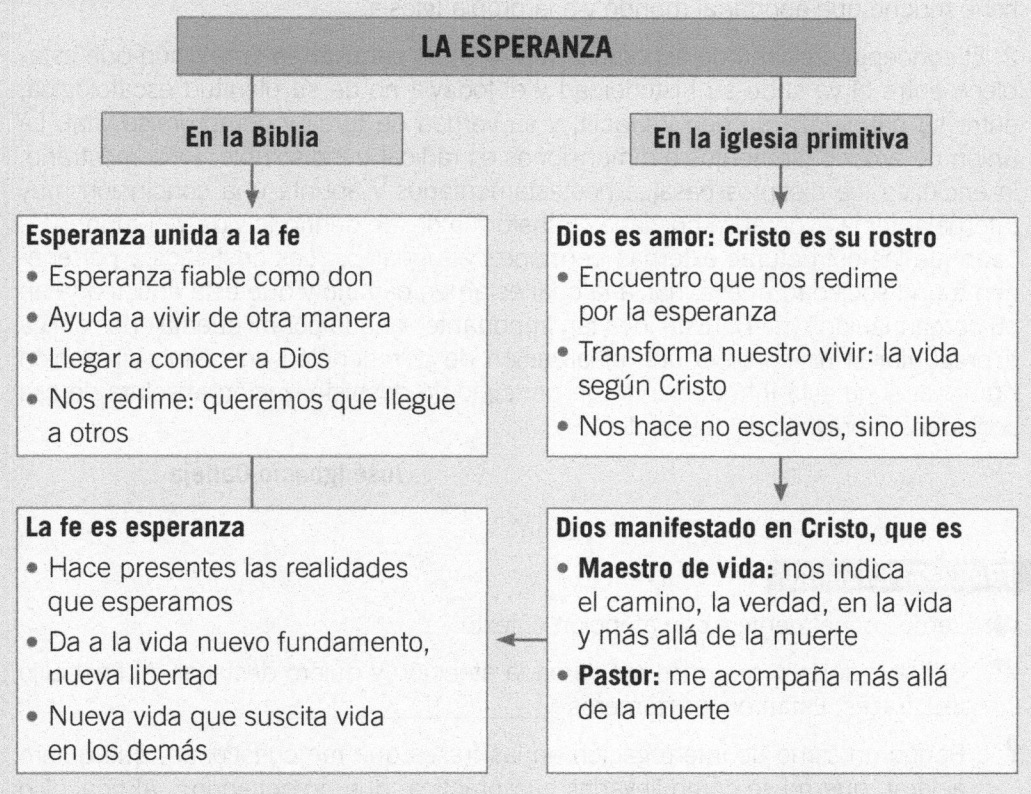

LA ESPERANZA

En la Biblia

En la iglesia primitiva

Esperanza unida a la fe
- Esperanza fiable como don
- Ayuda a vivir de otra manera
- Llegar a conocer a Dios
- Nos redime: queremos que llegue a otros

Dios es amor: Cristo es su rostro
- Encuentro que nos redime por la esperanza
- Transforma nuestro vivir: la vida según Cristo
- Nos hace no esclavos, sino libres

La fe es esperanza
- Hace presentes las realidades que esperamos
- Da a la vida nuevo fundamento, nueva libertad
- Nueva vida que suscita vida en los demás

Dios manifestado en Cristo, que es
- **Maestro de vida:** nos indica el camino, la verdad, en la vida y más allá de la muerte
- **Pastor:** me acompaña más allá de la muerte

SENTIDO

La fe es esperanza (SS 1-9)

En esperanza fuimos salvados, nos recuerda san Pablo (*Rom* 8,24) y la esperanza no defrauda (*Rom* 5,5). Profundizar en las raíces de nuestra esperanza nos anima a caminar poniendo nuestra mirada en la meta que nos aguarda, la vida eterna.

CLAVES DE INTERPRETACIÓN

Diez claves de la *Spe salvi* de Benedicto XVI [1-2]

1. Que el Papa, a través de la esperanza, vuelva de nuevo a la convicción cristiana de que Dios es Amor, y que lo es con el rostro de Jesús, el Cristo, y que esta Buena Nueva nos redime como esperanza ya sí realizada en la historia, transformando a fondo nuestro vivir, mientras anhelamos su pleno cumplimiento, todavía no, sin huir de la tierra, esto me convence (nn. 1-3). Si el cristianismo histórico se renueva una

y otra vez en esta experiencia del Dios de Jesús, y no en cualquier otro interés o temor, tiene mucho que aportar al mundo y a la propia Iglesia.

2. El concepto cristiano de esperanza (nn. 4-9) es peculiar en la relación que establece entre el ya sí de su historicidad y el todavía no de su plenitud escatológica; entre su naturaleza de don y gracia, y su verdad de tarea y compromiso vital. La unión de ambos momentos o dimensiones es radical e indisoluble. Para mostrarlo, la encíclica lee distintos pasajes neotestamentarios y apunta una conclusión muy interpelante: la esperanza cristiana "transforma desde dentro la vida y el mundo"... "aunque las estructuras externas permanezcan igual"... "Los cristianos... pertenecen a una sociedad nueva, hacia la cual están en camino y que está anticipada en su peregrinación" (n. 4). [Esta idea tan importante –añado por mi cuenta– nos obliga a preguntar si no conlleva una idealización de la redención en cuanto liberación humana; si no está introduciendo un principio de deshistorización absoluta de esa sociedad; subrayo lo de "absoluta"].

José Ignacio Calleja

TRABAJO PERSONAL

👁 Leo personalmente y con atención el texto.

✎ Subrayo aquello que más me llama la atención y quiero destacar. Al final elijo tres frases. Están en los números _____ _____ _____.

❓ Pongo un signo de interrogación en las frases que me cuestionan, que quiero aclarar, que no sé cómo llevarlas a la práctica, que no entiendo... Al final elijo tres. Están en los números _____ _____ _____.

¡! Pongo un signo de admiración en las frases que son muy sugerentes y me iluminan para la acción posterior. Al final elijo tres frases. Están en los párrafos _____ _____ _____.

👤 Saco conclusiones para la acción en los ámbitos en que nos movemos.

1. _____

2. _____

ENCUENTRO EN GRUPO

■ **Oramos juntos**

«Mantengámonos firmes en la esperanza que profesamos,
porque es fiel quien hizo la promesa.
Fijémonos los unos en los otros para estimularnos
a la caridad y a las buenas obras.» (*Heb* 10,23-24)

La esperanza de Dios

La esperanza de Dios
no habla de utopías
ni de realidades que no existen
ni de mundos paralelos.

La esperanza de Dios
no habita en el optimismo vacío,
ni en las frases hechas
que no nos llevan a nada.

La esperanza de Dios
no la traen los mesías que anuncian catástrofes
ni las ideologías que gritan
y dividen el mundo en bandos.

La esperanza de Dios
viene a través del mensajero humilde,
y del sabio que sabe mirar al cielo y al mañana,
con fe en Dios y en el hombre,
y con grandes dosis de amor.

La esperanza auténtica
la trae el Salvador.
La esperanza auténtica
la trae un niño llamado Dios.

Álvaro Lobo sj

¿Cómo vivimos?

▶ Compartimos en grupo nuestro trabajo personal.

- ¿Qué hemos descubierto?
- ¿A qué conclusiones llegamos?
- ¿Qué aplicaciones podemos hacer a nuestra tarea como evangelizadores?

Conclusiones y aplicaciones
•
•
•

▶ Profundizamos y concretamos:

■ ¿Qué podemos hacer para que el Evangelio no solo sea algo que se comunica sino algo que transforma?

_____

_____

■ ¿Qué aprendemos del testimonio de santa Josefina Bakhita? ¿Qué signos de esperanza nos llaman la atención?

_____

_____

■ ¿Cómo podemos educar, en nuestra acción evangelizadora, en el sentido peregrinante de la vida?

_____

_____

■ ¿Qué podemos hacer para presentar a Cristo como maestro de vida que nos indica el camino, la verdad, en la vida, y como pastor que nos acompaña en la vida y más allá de la muerte?

_____

_____

■ ¿Qué grado de paciencia tenemos con nuestros interlocutores y con nuestra tarea de sembrar?

_____

_____

■ **¿Qué podemos hacer y cómo?**

▶ Concretamos líneas de acción en los diversos ámbitos en los que estamos.

¿Qué podemos hacer?	¿Cómo?
• •	• •

La realidad personal y colectiva puede abrumarnos en nuestra travesía por la vida, pero "Dios de Pascua", cuyo rostro es Cristo, maestro de vida y pastor, nos llena de esperanza. También confesamos que Dios es mi Pastor y nada me faltará (segunda estrofa).

▸ Ver el vídeo oficial y escuchar la canción en www.e-sm.net/223738_2.

Eres mi esperanza

Cuando miro lo que pasa, Dios, estoy tan confundido...
Desconciertan los caminos, me abruman tantos giros.
Una mezcla de pedidos, de gemidos y Tú dormido vas.
Con mis fuerzas de seguro no lo he de lograr.

Dios de Pascua, que me amas, me llamas y liberas,
más que nunca en mi vida tu promesa hoy resuena.
Que la barca no se hunde porque Tú conmigo estás.
Que no tema, todo pasa y Tú siempre quedarás.

Tú, Señor, eres mi esperanza.
Tú, Señor, eres mi esperanza.
A nada temeré, confiado quedaré
pues tú, Señor, eres mi esperanza.

Tú que guardas mis entradas y salidas, ahora y siempre.
El auxilio me proviene de mi Dios que me sostiene.
No permitas que tropiece, Tú eres mi guardián.
En tus manos cuida mi alma, guárdame de todo mal.

Tú, Señor, eres mi esperanza.
Tú, Señor, eres mi esperanza.
A nada temeré, confiado quedaré
pues tú, Señor, eres mi esperanza.

Pablo Martínez

- Relacionamos el contenido de esta canción con lo que dice el papa en estos números de la encíclica. ¿Qué coincidencias hay?
- ¿Cómo resuena la promesa de Dios en nuestra vida?
- ¿En qué sentido podemos decir que Dios es también nuestra esperanza?
- ¿Cómo podemos hacer, desde nuestra acción evangelizadora, que crezca la esperanza en Dios?

Tener esperanza

Tener esperanza
es creer que la historia continúa abierta
al sueño de Dios y a la creatividad humana.

Tener esperanza
es continuar afirmando
que es posible soñar un mundo diferente,
sin hambre, sin injusticias, sin discriminación.

Tener esperanza
es ser un mensajero de Dios
y mensajero de hombres y mujeres
de Buena voluntad,
derribando paredes, destruyendo fronteras,
construyendo puentes.

Tener esperanza
es creer en el potencial revolucionario de la fe,
dejar las puertas abiertas
para que el Espíritu pueda entrar
y hacer nuevas todas las cosas.

Tener esperanza
es empezar de nuevo tantas veces
cuantas sea necesario.

Tener esperanza
es vivir siendo conscientes
de que estamos en manos de Dios...
y **Él nunca** nos fallará ni defraudará...
Él nos **sorprenderá y maravillará**.

Cáritas Valencia

[LA VIDA ETERNA, UNA REALIDAD COMUNITARIA]

2

La vida eterna, ¿qué es?

10. Hasta ahora hemos hablado de la fe y de la esperanza en el Nuevo Testamento y en los comienzos del cristianismo; pero siempre se ha tenido también claro que no solo hablamos del pasado; toda la reflexión concierne a la vida y a la muerte en general y, por tanto, también tiene que ver con nosotros aquí y ahora. No obstante, es el momento de preguntarnos ahora de manera explícita: la fe cristiana ¿es también para nosotros ahora una esperanza que transforma y sostiene nuestra vida? ¿Es para nosotros "performativa", un mensaje que plasma de modo nuevo la vida misma, o es ya solo "información" que, mientras tanto, hemos dejado arrinconada y nos parece superada por informaciones más recientes?

Hablamos de la vida y de la muerte, aquí y ahora

En la búsqueda de una respuesta quisiera partir de la forma clásica del diálogo con el cual el rito del Bautismo expresaba la acogida del recién nacido en la comunidad de los creyentes y su renacimiento en Cristo. El sacerdote preguntaba ante todo a los padres qué nombre habían elegido para el niño, y continuaba después con la pregunta: "¿Qué pedís a la Iglesia?". Se respondía: "La fe". Y "¿Qué te da la fe?". "La vida eterna". Según este diálogo, los padres buscaban para el niño la entrada en la fe, la comunión con los creyentes, porque veían en la fe la llave para "la vida eterna". En efecto, ayer como hoy, en el Bautismo, cuando uno se convierte en cristiano, se trata de esto: no es solo un acto de socialización dentro de la comunidad ni solamente de acogida en la Iglesia. Los padres esperan algo más para el bautizando: esperan que la fe, de la cual forma parte el cuerpo de la Iglesia y sus sacramentos, le dé la vida, la vida eterna.

La fe, llave para la vida eterna

La fe es la sustancia de la esperanza. Pero entonces surge la cuestión: ¿De verdad queremos esto: vivir eternamente? Tal vez muchas personas rechazan hoy la fe simplemente porque la vida eterna no les parece algo deseable. En modo alguno quieren la vida eterna, sino la presente y, para esto, la fe en la vida eterna les parece más bien un obstáculo. Seguir viviendo para siempre –sin fin– parece más una condena que un don. Ciertamente, se querría aplazar la muerte lo más posible. Pero vivir siempre, sin un término, solo sería a fin de cuentas aburrido y al final insoportable. Esto es lo que dice precisamente, por ejemplo, el Padre de la Iglesia Ambrosio en el sermón fúnebre por su hermano difunto Sátiro: "Es verdad que la muerte no formaba parte de nuestra naturaleza, sino que se introdujo en ella; Dios no instituyó la muerte desde el principio, sino que nos la dio como un remedio [...]. En efecto, la vida

La muerte, causa de salvación

del hombre, condenada por culpa del pecado a un duro trabajo y a un sufrimiento intolerable, comenzó a ser digna de lástima: era necesario dar un fin a estos males, de modo que la muerte restituyera lo que la vida había perdido. La inmortalidad, en efecto, es más una carga que un bien, si no entra en juego la gracia"[6]. Y Ambrosio ya había dicho poco antes: "No debemos deplorar la muerte, ya que es causa de salvación"[7].

¿Qué es realmente la "vida"? ¿Qué significa verdaderamente "eternidad"?

11. Sea lo que fuere lo que san Ambrosio quiso decir exactamente con estas palabras, es cierto que la eliminación de la muerte, como también su aplazamiento casi ilimitado, pondría a la tierra y a la humanidad en una condición imposible y no comportaría beneficio alguno para el individuo mismo. Obviamente, hay una contradicción en nuestra actitud, que hace referencia a un contraste interior de nuestra propia existencia. Por un lado, no queremos morir; los que nos aman, sobre todo, no quieren que muramos. Por otro lado, sin embargo, tampoco deseamos seguir existiendo ilimitadamente, y tampoco la tierra ha sido creada con esta perspectiva. Entonces, ¿qué es realmente lo que queremos? Esta paradoja de nuestra propia actitud suscita una pregunta más profunda: ¿qué es realmente la "vida"? Y ¿qué significa verdaderamente "eternidad"?

No conocemos esta "verdadera vida" hacia la que nos sentimos impulsados

Hay momentos en que de repente percibimos algo: sí, esto sería precisamente la verdadera "vida", así debería ser. En contraste con ello, lo que cotidianamente llamamos "vida", en verdad no lo es. Agustín, en su extensa carta sobre la oración dirigida a Proba, una viuda romana acomodada y madre de tres cónsules, escribió una vez: En el fondo queremos solo una cosa, la "vida bienaventurada", la vida que simplemente es vida, simplemente "felicidad". A fin de cuentas, en la oración no pedimos otra cosa. No nos encaminamos hacia nada más, se trata solo de esto. Pero después Agustín dice también: pensándolo bien, no sabemos en absoluto lo que deseamos, lo que quisiéramos concretamente. Desconocemos del todo esta realidad; incluso en aquellos momentos en que nos parece tocarla con la mano no la alcanzamos realmente. "No sabemos pedir lo que nos conviene", reconoce con una expresión de san Pablo (*Rom* 8,26). Lo único que sabemos es que no es esto. Sin embargo, en este no-saber sabemos que esta realidad tiene que existir. "Así, pues, hay en nosotros, por decirlo de alguna manera, una sabia ignorancia (*docta ignorantia*)", escribe. No sabemos lo que queremos realmente; no conocemos esta "verdadera vida" y, sin embargo, sabemos que debe existir un algo que no conocemos y hacia el cual nos sentimos impulsados[8].

---

[6] *De excessu fratris sui Satyri*, II, 47: *CSEL* 73, 274.

[7] *Ibid.*, II, 46: *CSEL* 73, 273.

[8] Cf. *Ep. 130 Ad Probam* 14, 25-15, 28: *CSEL* 44, 68-73.

12. Pienso que Agustín describe en este pasaje, de modo muy preciso y siempre válido, la situación esencial del hombre, la situación de la que provienen todas sus contradicciones y sus esperanzas. De algún modo deseamos la vida misma, la verdadera, la que no se vea afectada ni siquiera por la muerte; pero, al mismo tiempo, no conocemos eso hacia lo que nos sentimos impulsados. No podemos dejar de tender a ello y, sin embargo, sabemos que todo lo que podemos experimentar o realizar no es lo que deseamos. Esta "realidad" desconocida es la verdadera "esperanza" que nos empuja y, al mismo tiempo, su desconocimiento es la causa de todas las desesperaciones, así como también de todos los impulsos positivos o destructivos hacia el mundo auténtico y el auténtico hombre.

La expresión "vida eterna" trata de dar un nombre a esta desconocida realidad conocida. Es por necesidad una expresión insuficiente que crea confusión. En efecto, "eterno" suscita en nosotros la idea de lo interminable, y eso nos da miedo; "vida" nos hace pensar en la vida que conocemos, que amamos y que no queremos perder, pero que a la vez es con frecuencia más fatiga que satisfacción, de modo que, mientras por un lado la deseamos, por otro no la queremos. Podemos solamente tratar de salir con nuestro pensamiento de la temporalidad a la que estamos sujetos y augurar de algún modo que la eternidad no sea un continuo sucederse de días del calendario, sino como el momento pleno de satisfacción, en el cual la totalidad nos abraza y nosotros abrazamos la totalidad. Sería el momento del sumergirse en el océano del amor infinito, en el cual el tempo –el antes y el después– ya no existe. Podemos únicamente tratar de pensar que este momento es la vida en sentido pleno, sumergirse siempre de nuevo en la inmensidad del ser, a la vez que estamos desbordados simplemente por la alegría. En el Evangelio de Juan, Jesús lo expresa así: "Volveré a veros y se alegrará vuestro corazón y nadie os quitará vuestra alegría" (16,22). Tenemos que pensar en esta línea si queremos entender el objetivo de la esperanza cristiana, qué es lo que esperamos de la fe, de nuestro ser con Cristo[9].

¿Es individualista la esperanza cristiana?

13. A lo largo de su historia, los cristianos han tratado de traducir en figuras representables este saber que no sabe, recurriendo a imágenes del "cielo" que siempre resultan lejanas de lo que, precisamente por eso, solo conocemos negativamente, a través de un no-conocimiento. En el curso de los siglos, todos estos intentos de representación de la esperanza han impulsado a muchos a vivir basándose en la fe y, como consecuencia, a abandonar sus *"hyparchonta"*, las sustancias materiales para su existencia. El autor de la *Carta a los Hebreos*, en el capítulo 11, ha trazado una especie de historia de los que viven en la esperanza y de su estar de camino, una historia que desde Abel llega hasta la época del autor.

---

[9] Cf. *Catecismo de la Iglesia Católica* 1025.

**Crítica moderna
contra este tipo
de esperanza:
consistiría
en puro
individualismo**

En los tiempos modernos se ha desencadenado una crítica cada vez más dura contra este tipo de esperanza: consistiría en puro individualismo, que habría abandonado el mundo a su miseria y se habría amparado en una salvación eterna exclusivamente privada. Henri de Lubac, en la introducción a su obra fundamental *Catholicisme. Aspects sociaux du dogme*, ha recogido algunos testimonios característicos de esta clase, uno de los cuales es digno de mención: "¿He encontrado la alegría? No... He encontrado mi alegría. Y esto es algo terriblemente diverso... La alegría de Jesús puede ser personal. Puede pertenecer a una sola persona, y esta se salva. Está en paz..., ahora y por siempre, pero ella sola. Esta soledad de la alegría no la perturba. Al contrario: ¡Ella es precisamente la elegida! En su bienaventuranza atraviesa felizmente las batallas con una rosa en la mano"[10].

14. A este respecto, de Lubac ha podido demostrar, basándose en la teología de los Padres en toda su amplitud, que la salvación ha sido considerada siempre como una realidad comunitaria. La misma *Carta a los Hebreos* habla de una "ciudad" (*cf.* 11,10.16; 12,22; 13,14) y, por tanto, de una salvación comunitaria. Los Padres, coherentemente, entienden el pecado como la destrucción de la unidad del género humano, como ruptura y división. Babel, el lugar de la confusión de las lenguas y de la separación, se muestra como expresión de lo que es el pecado en su raíz. Por eso, la "redención" se presenta precisamente como el restablecimiento de la unidad en la que nos encontramos de nuevo juntos en una unión que se refleja en la comunidad mundial de los creyentes.

No hace falta que nos ocupemos aquí de todos los textos en los que aparece el aspecto comunitario de la esperanza. Sigamos con la *Carta a Proba*, en la cual Agustín intenta explicar un poco esta desconocida realidad conocida que vamos buscando. El punto de partida es simplemente la expresión "vida bienaventurada [feliz]". Después cita el Salmo 144 [143],15: "Dichoso el pueblo cuyo Dios es el Señor". Y continúa: "Para que podamos formar parte de este pueblo y llegar [...] a vivir con Dios eternamente, "el precepto tiene por objeto el amor, que brota de un corazón limpio, de una buena conciencia y de una fe sincera" (*1 Tim* 1,5)"[11]. Esta vida verdadera, hacia la cual tratamos de dirigirnos siempre de nuevo, comporta estar unidos existencialmente en un "pueblo" y solo puede realizarse para cada persona dentro de este "nosotros". Precisamente por eso presupone dejar de estar encerrados en el propio "yo", porque solo la apertura a este sujeto universal abre también la mirada hacia la fuente de la alegría, hacia el amor mismo, hacia Dios.

---

[10] Jean Giono, *Les vraies richesses*, Paris 1936, Préface, en: Henri de Lubac, *Catholicisme. Aspects sociaux du dogme*, Paris 1983, p. VII.

[11] *Ep. 130 Ad Probam* 13, 24: *CSEL* 44, 67.

15. Esta concepción de la "vida bienaventurada" orientada hacia la comunidad se refiere a algo que está ciertamente más allá del mundo presente, pero precisamente por eso tiene que ver también con la edificación del mundo, de maneras muy diferentes según el contexto histórico y las posibilidades que este ofrece o excluye. En el tiempo de Agustín, cuando la irrupción de nuevos pueblos amenazaba la cohesión del mundo, en la cual había una cierta garantía de derecho y de vida en una comunidad jurídica, se trataba de fortalecer los fundamentos verdaderamente básicos de esta comunidad de vida y de paz para poder sobrevivir en aquel mundo cambiante.

La concepción de la "vida bienaventurada" orientada hacia la comunidad, en la edificación del mundo

Pero intentemos fijarnos, por poner un caso, en un momento de la Edad Media, bajo ciertos aspectos emblemático. En la conciencia común, los monasterios aparecían como lugares para huir del mundo ("*contemptus mundi*") y eludir así la responsabilidad con respecto al mundo buscando la salvación privada. Bernardo de Claraval, que con su Orden reformada llevó una multitud de jóvenes a los monasterios, tenía una visión muy diferente sobre esto. Para él, los monjes tienen una tarea con respecto a toda la Iglesia y, por consiguiente, también respecto al mundo. Y, con muchas imágenes, ilustra la responsabilidad de los monjes para con todo el organismo de la Iglesia, más aún, para con la humanidad; les aplica las palabras del Pseudo-Rufino: "El género humano subsiste gracias a unos pocos; si ellos desaparecieran, el mundo perecería"[12]. Los contemplativos –*contemplantes*– han de convertirse en *trabajadores agrícolas –laborantes–*, nos dice. La nobleza del trabajo, que el cristianismo ha heredado del judaísmo, había aparecido ya en las reglas monásticas de Agustín y Benito. Bernardo presenta de nuevo este concepto. Los jóvenes aristócratas que acudían a sus monasterios debían someterse al trabajo manual. A decir verdad, Bernardo dice explícitamente que tampoco el monasterio puede restablecer el Paraíso, pero sostiene que, como lugar de labranza práctica y espiritual, debe preparar el nuevo Paraíso. Una parcela de bosque silvestre se hace fértil precisamente cuando se talan los árboles de la soberbia, se extirpa lo que crece en el alma de modo silvestre y así se prepara el terreno en el que puede crecer pan para el cuerpo y para el alma[13]. ¿Acaso no hemos tenido la oportunidad de comprobar de nuevo, precisamente en el momento de la historia actual, que allí donde las almas se hacen salvajes no se puede lograr ninguna estructuración positiva del mundo?

Una tarea con respecto a toda la Iglesia y... al mundo

---

[12] *Sententiae*, III, 118: *CCL* 6/2, 215.
[13] *Cf. ibid.*, III, 71: *CCL* 6/2,107-108.

DE UN VISTAZO

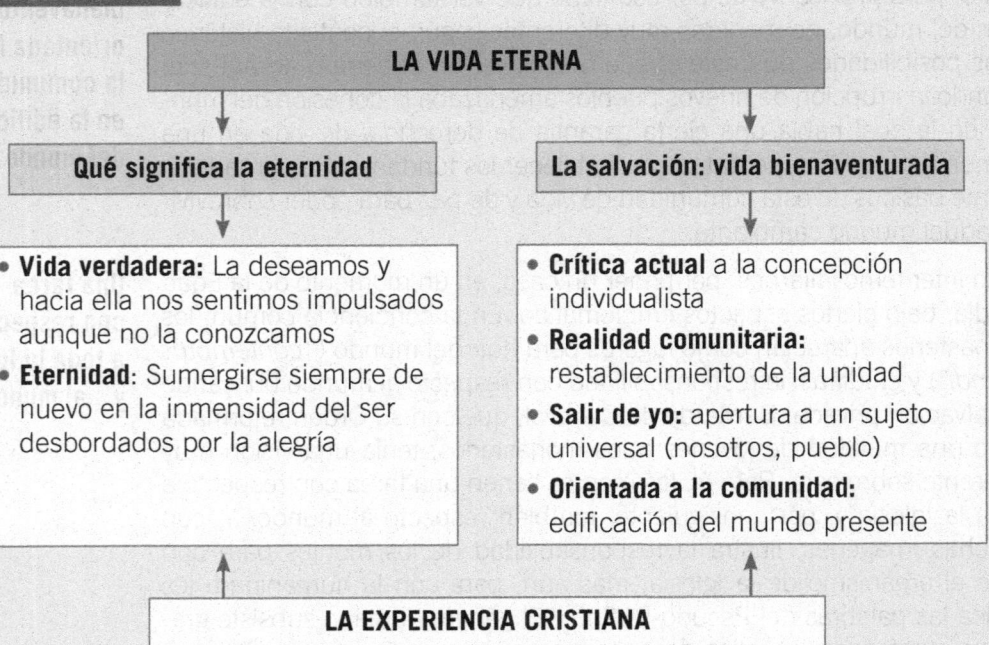

LA VIDA ETERNA

Qué significa la eternidad

- **Vida verdadera:** La deseamos y hacia ella nos sentimos impulsados aunque no la conozcamos
- **Eternidad**: Sumergirse siempre de nuevo en la inmensidad del ser desbordados por la alegría

La salvación: vida bienaventurada

- **Crítica actual** a la concepción individualista
- **Realidad comunitaria:** restablecimiento de la unidad
- **Salir de yo:** apertura a un sujeto universal (nosotros, pueblo)
- **Orientada a la comunidad:** edificación del mundo presente

LA EXPERIENCIA CRISTIANA
¿Es una realidad que transforma nuestra vida?

SENTIDO

La vida eterna

Damos un breve vistazo a lo que recogen nuestros catecismos actuales en España sobre la vida eterna:

- En *Los primeros pasos en la fe* se nos enseña: «En su reino no habrá ya pobreza ni dolor, nadie estará triste, viviremos para siempre con Dios, Él será todo en todos». Y «la vida eterna es vivir siempre y vivir felices con Dios. Por la fe y el bautismo ya participamos de la vida eterna. El cielo será la plenitud: participaremos del amor de Dios para siempre». (*MECS,* 117 y 121)

- En *Jesús es el Señor* se nos enseña: «Porque Jesús ha resucitado y ha vencido la muerte, los cristianos creemos en la Vida eterna. Esta es la gran promesa que nos ha dado: seremos semejantes a Jesús y felices con él para siempre». Y «al final de la vida Dios, que nos conoce mejor que nadie, mirará el corazón de cada uno, será misericordioso, cuando recompense a cada uno según sus obras» (*JES*, 128 y 130). Luego explica el infierno-cielo-purgatorio.

- *Testigos del Señor* profundiza en el tema de esta manera: «Toda persona será colmada de vida o condenada para la eternidad, según sus obras». También «creemos que hay una patria futura para todos nosotros: la casa del

Padre a la que llamamos cielo (...) recompensará todo el bien que hayamos hecho. (...) "Creo en la vida eterna" quiere decir que creemos que, después de esta vida, Dios Padre nos dará una vida que durará para siempre» (*TS* 136 y 203-205).

Diez claves de la *Spe salvi* de Benedicto XVI [3]

3. La fe cristiana, sigue diciendo la *Spe salvi*, ¿es para nosotros, también, y ahora, una esperanza que transforma y sostiene nuestra vida, o es solo información de unos hechos salvíficos más o menos arrinconados o privatizados? (n. 10). La esperanza cristiana no es individualista, una expectativa privada de entrar en el cielo (n. 13). Esta ha sido nuestra manera de verla hasta hace poco, pero no debe ser así; la salvación cristiana es comunitaria y personal, porque ser hombre es vivir existencialmente abiertos a un "nosotros", a un "pueblo", a un "sujeto universal" que mira como su anhelo a "la comunidad escatológica de los salvados"; y, por eso mismo, a la construcción del mundo presente (n. 15). [Hubiera sido interesante –añado por mi parte– explicar más profunda y directamente este vínculo sacramental entre ambas dimensiones de la salvación].

José Ignacio Calleja

👁 Leo personalmente y con atención el texto.

✎ Subrayo aquello que más me llama la atención y quiero destacar. Al final elijo tres frases. Están en los números _____ _____ _____.

? Pongo un signo de interrogación en las frases que me cuestionan, que quiero aclarar, que no sé cómo llevarlas a la práctica, que no entiendo... Al final elijo tres. Están en los números _____ _____ _____.

¡! Pongo un signo de admiración en las frases que son muy sugerentes y me iluminan para la acción posterior. Al final elijo tres frases. Están en los párrafos _____ _____ _____.

👤 Saco conclusiones para la acción en los ámbitos en que nos movemos.

1. _____

2. _____

■ Oramos juntos

Camino, verdad, vida

Me dijiste Señor: Yo soy el camino
que conduce seguro hasta la vida,
soy vida desbordante, en Dios nacida,
soy la verdad, la luz, Verbo divino.

Yo quiero ser, Señor, tu peregrino,
penetrar por tus puertas, tus heridas,
bañarme en tus aguas removidas
y gustar de tu pan y de tu vino.

Quiero ver por tus ojos tu mirada,
ver, como tú, el misterio de las cosas,
ver a Dios construyendo nuestras casas,
ver a Dios en el débil y en el fuerte.

Al fin ver, en el cielo, que tú eres
camino, verdad y vida
por tu inmenso y estupendo amor en la tierra.
Así sea.

■ ¿Cómo vivimos?

▶ Compartimos en grupo nuestro trabajo personal.

- ¿Qué hemos descubierto?
- ¿A qué conclusiones llegamos?
- ¿Qué aplicaciones podemos hacer a nuestra tarea como evangelizadores?

Conclusiones y aplicaciones
•
•
•

▶ Profundizamos y concretamos:

■ ¿Qué ideas existen en nuestro ambiente cultural sobre la vida y la muerte? ¿Cómo se ofrece la visión cristiana?

_____

_____

■ Respondemos a las preguntas formuladas en el texto: «La fe cristiana ¿es también para nosotros ahora una esperanza que transforma y sostiene nuestra vida? ¿Es para nosotros performativa, un mensaje que plasma de modo nuevo la vida misma, o es ya solo información que, mientras tanto, hemos dejado arrinconada y nos parece superada por informaciones más recientes»?

_____

_____

■ El ser humano, hoy por hoy, ¿tiene deseos de vivir eternamente? ¿En qué se manifiesta?

_____

_____

■ ¿Qué podemos hacer para que la recepción de los sacramentos manifieste la experiencia de la gracia como llave de vida eterna y no se conviertan solo en un acontecimiento social?

_____

_____

■ ¿Cómo hemos de presentar la vida después de la muerte teniendo en cuenta la realidad comunitaria de la salvación y vida eterna?

_____

_____

■ **¿Qué podemos hacer y cómo?**

▶ Concretamos líneas de acción en los diversos ámbitos en los que estamos.

¿Qué podemos hacer?	¿Cómo?
• •	• •

Esta es la canción oficial de la película *El cielo no puede esperar. Carlo Acutis, el ciberapóstol*. La canción fue estrenada en el segundo aniversario de su beatificación, que tuvo lugar el 10 de octubre de 2020. El videoclip muestra imágenes de la infancia de Carlo entremezcladas con testimonios de conversión reales gracias a la intercesión del joven beato italiano. La letra habla de la necesidad que tiene el ser humano de Dios y de su amor y de cómo el propio Carlo enfrentó su muerte a la temprana edad de 15 años, sin aferrarse a lo material y a la vida. Carlo transmitió en particular la importancia que tenía para él la Eucaristía que, según él, era «la calzada que lleva al Cielo». Su memoria litúrgica se celebra el 12 de octubre, día de su fallecimiento.

▶ Ver el vídeo oficial y escuchar la canción en www.e-sm.net/223738_3.

El cielo no puede esperar

¿Por qué a veces tengo tanto miedo?
Será que no sé cómo vivir.
Un día claro amanece y sabes que te puedes ir.
Este mundo está necesitado
de ángeles que estén a tu lado.
Un día claro amanece y sabes que está junto a ti.

**No me cansaré de andar
si contigo sé que puedo imaginar
una vida para amar.
Abre la puerta de tu corazón,
que se escape una sonrisa tonta en esta canción.
Abre los ojos, grita sin temor
que vale la pena hacer las cosas si es por amor.
Y qué más da, voy a volar
porque el cielo no puede esperar.**

No te aferres a lo material
si ya sabes que no te va a dar
todo aquello que en teoría se supone que es la felicidad.
Un amigo es lo que hay que cuidar,
como las flores hay que regar.
La familia siempre está detrás.

**No me cansaré de andar
si contigo sé que puedo imaginar
una vida para amar.
Abre la puerta de tu corazón,
que se escape una sonrisa tonta en esta canción.**

**Abre los ojos, grita sin temor
que vale la pena hacer las cosas si es por amor.
Y qué más da, voy a volar
porque el cielo no puede esperar.**

No, no, no, no puede esperar...

Porque el cielo no puede esperar...

Canción de Luis Mas

- Relacionamos el contenido de esta canción con lo que dice el papa en estos números de la encíclica. ¿Qué relaciones podemos establecer?
- "Imaginar una vida para amar", "vale la pena hacer las cosas si es por amor"... ¿En qué sentido puede estar aquí la dimensión comunitaria de una vida bienaventurada y feliz ya ahora?
- ¿Cómo perseguir y hacer presente la vida verdadera?: "No te aferres a lo material si ya sabes que no te va a dar todo aquello que en teoría se supone que es la felicidad".

PARA ORAR E INTERIORIZAR

Oración para pedir vida eterna

"Sabes que con tu mirada has sanado mi ansiedad,
sabes que cuento los días para amar la eternidad...".
Me gusta soñar con metas altas, con cumbres elevadas,
con estrellas que iluminan caminos.
Con árboles que alzan sus ramas al cielo...

Dios me hace una promesa, como a Abrahán:
"Así será tu descendencia".
Cuento las estrellas del cielo. Lo intento.
Así será mi descendencia. Así será
el fruto de mi vida. Mi tierra prometida.

Una persona rezaba:

"Sabes que te sueño siempre. Y no logro avanzar.
Sabes de tantas promesas de mi amor incondicional.
Sabes que te quiero mucho porque un día te abracé.
Sabes de mis cartas mudas que apenas puedo leer.
Sabes que con tu mirada has sanado mi ansiedad.
Sabes que cuento los días para amar la eternidad.
Quiero lograr lo que sueño. Quiero volar junto a ti.

No temo los infortunios. No quiero huir de ti.
Espero, anhelo y tiemblo. Sueño con la soledad.
A tu lado cada día. Déjame amarte más".

Me gustaría mirar así a Jesús
desde mi pobreza, desde mi pequeñez.
Siento la desproporción entre mi vida pobre
y el cielo lleno de estrellas,
entre la descendencia infinita como promesa
y mi vida acomodada.
Anhelo seguir viviendo para siempre.
El sueño del corazón que nunca quiere la muerte.

Creo, sueño, cuento estrellas en el cielo estrellado.

Carlos Padilla Esteban

LA TRANSFORMACIÓN DE LA FE-ESPERANZA CRISTIANA EN EL TIEMPO MODERNO

3

16. ¿Cómo ha podido desarrollarse la idea de que el mensaje de Jesús es estrictamente individualista y dirigido solo al individuo? ¿Cómo se ha llegado a interpretar la "salvación del alma" como huida de la responsabilidad respecto a las cosas en su conjunto y, por consiguiente, a considerar el programa del cristianismo como búsqueda egoísta de la salvación que se niega a servir a los demás? Para encontrar una respuesta a esta cuestión hemos de fijarnos en los elementos fundamentales de la época moderna. Estos se ven con particular claridad en Francis Bacon. Es indiscutible que –gracias al descubrimiento de América y a las nuevas conquistas de la técnica que han permitido este desarrollo– ha surgido una nueva época. Pero, ¿sobre qué se basa este cambio epocal? Se basa en la nueva correlación entre experimento y método, que hace al hombre capaz de lograr una interpretación de la naturaleza conforme a sus leyes y conseguir así, finalmente, "la victoria del arte sobre la naturaleza" (*victoria cursus artis super naturam*)[14]. La novedad –según la visión de Bacon– consiste en una nueva correlación entre ciencia y praxis. De esto se hace después una aplicación en clave teológica: esta nueva correlación entre ciencia y praxis significaría que se restablecería el dominio sobre la creación, que Dios había dado al hombre y que se perdió por el pecado original[15].

> **Nueva correlación entre ciencia y praxis: restablecer el paraíso perdido con el dominio sobre la creación**

17. Quien lee estas afirmaciones, y reflexiona con atención, reconoce en ellas un paso desconcertante: hasta aquel momento la recuperación de lo que el hombre había perdido al ser expulsado del paraíso terrenal se esperaba de la fe en Jesucristo, y en esto se veía la "redención". Ahora, esta "redención", el restablecimiento del "paraíso" perdido, ya no se espera de la fe, sino de la correlación apenas descubierta entre ciencia y praxis. Con esto no es que se niegue la fe; pero queda desplazada a otro nivel –el de las realidades exclusivamente privadas y ultramundanas– al mismo tiempo que resulta en cierto modo irrelevante para el mundo.

> **Desplazamiento de la fe, que resulta irrelevante**

Esta visión programática ha determinado el proceso de los tiempos modernos e influye también en la crisis actual de la fe que, en sus aspectos concretos, es sobre todo una crisis de la esperanza cristiana. Por eso, en Bacon la esperanza recibe también una nueva forma. Ahora se llama: fe en el progreso. En efecto, para Bacon está claro que los descubrimientos y las invenciones apenas iniciadas son solo un comienzo; que gracias a la sinergia entre ciencia y praxis se seguirán descubrimientos totalmente

> **Crisis de fe y esperanza y fe en el progreso**

---

[14] *Novum Organum* I, 117.
[15] *Cf. ibid.*, I, 129.

nuevos, surgirá un mundo totalmente nuevo, el reino del hombre[16]. Según esto, él mismo trazó un esbozo de las invenciones previsibles, incluyendo el aeroplano y el submarino. Durante el desarrollo ulterior de la ideología del progreso, la alegría por los visibles adelantos de las potencialidades humanas es una confirmación constante de la fe en el progreso como tal.

Progreso: razón y libertad, un potencial revolucionario de enorme fuerza explosiva

18. Al mismo tiempo, hay dos categorías que ocupan cada vez más el centro de la idea de progreso: razón y libertad. El progreso es sobre todo un progreso del dominio creciente de la razón, y esta razón es considerada obviamente un poder del bien y para el bien. El progreso es la superación de todas las dependencias, es progreso hacia la libertad perfecta. También la libertad es considerada solo como promesa, en la cual el hombre llega a su plenitud. En ambos conceptos –libertad y razón– hay un aspecto político. En efecto, se espera el reino de la razón como la nueva condición de la humanidad que llega a ser totalmente libre. Sin embargo, las condiciones políticas de este reino de la razón y de la libertad, en un primer momento, aparecen poco definidas. La razón y la libertad parecen garantizar de por sí, en virtud de su bondad intrínseca, una nueva comunidad humana perfecta. Pero en ambos conceptos clave, "razón" y "libertad", el pensamiento está siempre, tácitamente, en contraste también con los vínculos de la fe y de la Iglesia, así como con los vínculos de los ordenamientos estatales de entonces. Ambos conceptos llevan en sí mismos, pues, un potencial revolucionario de enorme fuerza explosiva.

Revolución francesa: instaurar el dominio de la razón y de la libertad

19. Hemos de fijarnos brevemente en las dos etapas esenciales de la concreción política de esta esperanza, porque son de gran importancia para el camino de la esperanza cristiana, para su comprensión y su persistencia. Está, en primer lugar, la Revolución francesa como el intento de instaurar el dominio de la razón y de la libertad, ahora también de manera políticamente real. La Europa de la Ilustración, en un primer momento, ha contemplado fascinada estos acontecimientos, pero ante su evolución ha tenido que reflexionar después de manera nueva sobre la razón y la libertad.

Paso de la fe eclesiástica a la fe racional

Para las dos fases de la recepción de lo que ocurrió en Francia, son significativos dos escritos de Immanuel Kant, en los que reflexiona sobre estos acontecimientos. En 1792 escribe la obra: "*Der Sieg des guten Prinzips über das böse und die Gründung eines Reichs Gottes auf Erden*" (La victoria del principio bueno sobre el malo y la constitución de un reino de Dios sobre la tierra). En ella dice: "El paso gradual de la fe eclesiástica al dominio exclusivo de la pura fe religiosa constituye el acercamiento del reino de Dios"[17]. Nos dice también que las revoluciones

---

[16] Cf. *New Atlantis*.
[17] En *Werke* IV: W. Weischedel, ed. (1956), 777. Las páginas sobre la *Victoria del principio bueno* constituyen, como es sabido, el tercer capítulo del escrito *Die Religion innerhalb der Grenzen der bloßen Vernunft* (La religión dentro de los límites de la mera razón), publicado por Kant en 1793.

pueden acelerar los tiempos de este paso de la fe eclesiástica a la fe racional. El "reino de Dios", del que había hablado Jesús, recibe aquí una nueva definición y asume también una nueva presencia; existe, por así decirlo, una nueva "espera inmediata": el "reino de Dios" llega allí donde la "fe eclesiástica" es superada y reemplazada por la "fe religiosa", es decir por la simple fe racional. En 1794, en su obra *"Das Ende aller Dinge"* (El final de todas las cosas), aparece una imagen diferente. Ahora Kant toma en consideración la posibilidad de que, junto al final natural de todas las cosas, se produzca también uno contrario a la naturaleza, perverso. A este respecto, escribe: "Si llegara un día en el que el cristianismo no fuera ya digno de amor, el pensamiento dominante de los hombres debería convertirse en el de un rechazo y una oposición contra él; y el anticristo [...] inauguraría su régimen, aunque breve (fundado presumiblemente en el miedo y el egoísmo). A continuación, no obstante, puesto que el cristianismo, aun habiendo sido destinado a ser la religión universal, no habría sido ayudado de hecho por el destino a serlo, podría ocurrir, bajo el aspecto moral, el final (perverso) de todas las cosas"[18].

20. En el s. XVIII no faltó la fe en el progreso como nueva forma de la esperanza humana y siguió considerando la razón y la libertad como la estrella-guía que se debía seguir en el camino de la esperanza. Sin embargo, el avance cada vez más rápido del desarrollo técnico y la industrialización que comportaba crearon muy pronto una situación social completamente nueva: se formó la clase de los trabajadores de la industria y el así llamado "proletariado industrial", cuyas terribles condiciones de vida ilustró de manera sobrecogedora Friedrich Engels en 1845. Para el lector debía estar claro: esto no puede continuar, es necesario un cambio. Pero el cambio supondría la convulsión y el abatimiento de toda la estructura de la sociedad burguesa. Después de la revolución burguesa de 1789 había llegado la hora de una nueva revolución, la proletaria: el progreso no podía avanzar simplemente de modo lineal a pequeños pasos. Hacía falta el salto revolucionario.

La revolución proletaria

Karl Marx recogió esta llamada del momento y, con vigor de lenguaje y pensamiento, trató de encauzar este nuevo y, como él pensaba, definitivo gran paso de la historia hacia la salvación, hacia lo que Kant había calificado como el "reino de Dios". Al haber desaparecido la verdad del más allá, se trataría ahora de establecer la verdad del más acá. La crítica del cielo se transforma en la crítica de la tierra, la crítica de la teología en la crítica de la política. El progreso hacia lo mejor, hacia el mundo definitivamente bueno, ya no viene simplemente de la ciencia, sino de la política; de una política pensada científicamente, que sabe reconocer la estructura de la historia y de la sociedad, y así indica el camino hacia la revolución, hacia el cambio de todas las cosas. Con precisión puntual, aunque de modo unilateral y parcial, Marx ha descrito la situación de su tiempo y

De la verdad del más allá, a la verdad del más acá: el camino político hacia la revolución

[18] I. Kant, *Das Ende aller Dinge*: *Werke* IV, W. Weischedel, ed. (1964), 190.

ha ilustrado con gran capacidad analítica los caminos hacia la revolución, y no solo teóricamente: con el partido comunista, nacido del manifiesto de 1848, dio inicio también concretamente a la revolución. Su promesa, gracias a la agudeza de sus análisis y a la clara indicación de los instrumentos para el cambio radical, fascinó y fascina todavía hoy de nuevo. Después, la revolución se implantó también, de manera más radical en Rusia.

El error fundamental de Marx: ha olvidado al hombre y su libertad

21. Pero con su victoria se puso de manifiesto también el error fundamental de Marx. Él indicó con exactitud cómo lograr el cambio total de la situación. Pero no nos dijo cómo se debería proceder después. Suponía simplemente que, con la expropiación de la clase dominante, con la caída del poder político y con la socialización de los medios de producción, se establecería la Nueva Jerusalén. En efecto, entonces se anularían todas las contradicciones, por fin el hombre y el mundo habrían visto claramente en sí mismos. Entonces todo podría proceder por sí mismo por el recto camino, porque todo pertenecería a todos y todos querrían lo mejor unos para otros. Así, tras el éxito de la revolución, Lenin pudo percatarse de que en los escritos del maestro no había ninguna indicación sobre cómo proceder. Había hablado ciertamente de la fase intermedia de la dictadura del proletariado como de una necesidad que, sin embargo, en un segundo momento se habría demostrado caduca por sí misma. Esta "fase intermedia" la conocemos muy bien y también sabemos cuál ha sido su desarrollo posterior: en lugar de alumbrar un mundo sano, ha dejado tras de sí una destrucción desoladora. El error de Marx no consiste solo en no haber ideado los ordenamientos necesarios para el nuevo mundo; en este, en efecto, ya no habría necesidad de ellos. Que no diga nada de eso es una consecuencia lógica de su planteamiento. Su error está más al fondo. Ha olvidado que el hombre es siempre hombre. Ha olvidado al hombre y ha olvidado su libertad. Ha olvidado que la libertad es siempre libertad, incluso para el mal. Creyó que, una vez solucionada la economía, todo quedaría solucionado. Su verdadero error es el materialismo: en efecto, el hombre no es solo el producto de condiciones económicas y no es posible curarlo solo desde fuera, creando condiciones económicas favorables.

Autocrítica de la edad moderna y del cristianismo moderno

22. Así, pues, nos encontramos de nuevo ante la pregunta: ¿Qué podemos esperar? Es necesaria una autocrítica de la edad moderna en diálogo con el cristianismo y con su concepción de la esperanza. En este diálogo, los cristianos, en el contexto de sus conocimientos y experiencias, tienen también que aprender de nuevo en qué consiste realmente su esperanza, qué tienen que ofrecer al mundo y qué es, por el contrario, lo que no pueden ofrecerle. Es necesario que en la autocrítica de la edad moderna confluya también una autocrítica del cristianismo moderno, que debe aprender siempre a comprenderse a sí mismo a partir de sus propias raíces.

Incertidumbre de la fe en el progreso

Sobre esto solo se puede intentar hacer aquí alguna observación. Ante todo hay que preguntarse: ¿Qué significa realmente "progreso"; qué es lo que promete y qué es lo que no promete? Ya en el siglo XIX había una crítica a la fe en el progreso. En el siglo xx, Theodor W. Adorno expresó de manera drástica la incertidumbre de la fe en el progreso: el progreso, visto de cerca, sería el progreso que va de la honda a la superbomba. Ahora bien, este es de hecho un aspecto del progreso que no se debe disimular. Dicho de otro modo: la ambigüedad del progreso resulta evidente. Indudablemente, ofrece nuevas posibilidades para el bien, pero también abre posibilidades abismales para el mal, posibilidades que antes no existían. Todos nosotros hemos sido testigos de cómo el progreso, en manos equivocadas, puede convertirse, y se ha convertido de hecho, en un progreso terrible en el mal. Si el progreso técnico no se corresponde con un progreso en la formación ética del hombre, con el crecimiento del hombre interior (*cf. Ef* 3,16; *2 Cor* 4,16), no es un progreso sino una amenaza para el hombre y para el mundo.

23. Por lo que se refiere a los dos grandes temas "razón" y "libertad", aquí solo se pueden señalar las cuestiones relacionadas con ellos. Ciertamente, la razón es el gran don de Dios al hombre, y la victoria de la razón sobre la irracionalidad es también un objetivo de la fe cristiana. Pero ¿cuándo domina realmente la razón? ¿Acaso cuando se ha apartado de Dios? ¿Cuando se ha hecho ciega para Dios? La razón del poder y del hacer ¿es ya toda la razón? Si el progreso, para ser progreso, necesita el crecimiento moral de la humanidad, entonces la razón del poder y del hacer debe ser integrada con la misma urgencia mediante la apertura de la razón a las fuerzas salvadoras de la fe, al discernimiento entre el bien y el mal. Solo de este modo se convierte en una razón realmente humana. Solo se vuelve humana si es capaz de indicar el camino a la voluntad, y esto solo lo puede hacer si mira más allá de sí misma.

Una razón realmente humana que mira más allá de sí misma

En caso contrario, la situación del hombre, en el desequilibrio entre la capacidad material, por un lado, y la falta de juicio del corazón, por otro, se convierte en una amenaza para sí mismo y para la creación. Por eso, hablando de libertad, se ha de recordar que la libertad humana requiere que concurran varias libertades. Sin embargo, esto no se puede lograr si no está determinado por un común e intrínseco criterio de medida, que es fundamento y meta de nuestra libertad. Digámoslo ahora de manera muy sencilla: el hombre necesita a Dios, de lo contrario queda sin esperanza.

El hombre necesita a Dios para no quedar sin esperanza

Visto el desarrollo de la edad moderna, la afirmación de san Pablo citada al principio (*Ef* 2,12) se demuestra muy realista y simplemente verdadera. Por tanto, no cabe duda de que un "reino de Dios" instaurado sin Dios –un reino, pues, solo del hombre– desemboca inevitablemente en "el final perverso" de todas las cosas descrito por Kant: lo hemos visto y lo seguimos viendo siempre una y otra vez. Pero tampoco cabe duda de que Dios entra realmente en las cosas humanas a condición de que no solo lo pensemos nosotros, sino que Él mismo salga a nuestro encuentro y nos hable. Por eso la razón necesita de la fe para llegar a ser totalmente ella misma: razón y fe se necesitan mutuamente para realizar su verdadera naturaleza y su misión.

Razón y fe se necesitan mutuamente

LA FE-ESPERANZA CRISTIANA

¿Por qué su transformación individualista (huida de la responsabilidad común) **y espiritualista** ("salvación del alma")?

LA MODERNIDAD

- **Nueva correlación entre ciencia y praxis**
- **Fe en el progreso** tecnocientífico basado en la **libertad** individual y en la **razón** política

- **Fe desplazada:** solo realidades privadas y ultramundanas
- Crisis de la fe-esperanza cristiana
- Razón y libertad en contraste con los vínculos de la fe y de la iglesia

Nueva esperanza redentora
- **S. XVIII: Revolución francesa:** revolución liberal burguesa de la libertad y la razón
- **S. XIX: Revolución proletaria:** revolución de la política con pretensiones científicas Error: materialismo ajeno al ser humano

Paso de la fe eclesiástica a la fe racional

Reconsiderar la idea de progreso
- **Técnico:** Apertura de la razón a las fuerzas salvadoras de la fe, al discernimiento entre el bien y el mal para ser realmente humana
- **Ético**, y por tanto religioso: el ser humano necesita a Dios

DIÁLOGO PURIFICADOR ENTRE RAZÓN Y FE

La transformación en el tiempo moderno

Tal vez es el apartado que más nos cueste leer de la encíclica *Spe salvi,* pero es importante para conocer cómo ha sido tratada (a veces mal tratada) la esperanza cristiana en la época moderna.

Vamos a ver cómo, para algunas corrientes, la esperanza ya no se debía esperar de la fe en Jesucristo sino de otros campos, como la ciencia, la praxis, la fe en el progreso... Y también el paso de la fe eclesiástica a la fe racional, o el paso del progreso de la ciencia a la política y a la revolución política. Sabemos, eso sí, que el resultado práctico merece más de una crítica.

La esperanza que brota del Señor se reducía a algo individualista: salvarme yo, y sin compromiso social. Qué lejos se estaba de lo que es la virtud de la esperanza tal como se expresa, por ejemplo, en el *Catecismo de la Iglesia Católica*:

> «La virtud de la esperanza corresponde al anhelo de felicidad puesto por Dios en el corazón de todo hombre; asume las esperanzas que inspiran las actividades de los hombres; las purifica para ordenarlas al Reino de los cielos; protege del desaliento; sostiene en todo desfallecimiento; dilata el corazón en la espera de la bienaventuranza eterna. El impulso de la esperanza preserva del egoísmo y conduce a la dicha de la caridad» (1818).

Es importante, pues, conocer algunas líneas de la época moderna en que la esperanza, prescindiendo de la fe en el Señor, se puso en otros lugares.

Diez claves de la *Spe salvi* de Benedicto XVI [4-6]

4. Y, ¿qué ha pasado para que la fe-esperanza cristiana (sic) haya sufrido la transformación individualista y espiritualista de la época moderna? (n. 16). La modernidad ha propuesto otra redención y la ha fundado en la libertad individual y en la razón científica; ha creado, así, otra fe, la fe en el progreso, y, con su praxis consiguiente, ha desplazado a la fe cristiana desde el ámbito público e histórico al privado y ultramundano (n. 17). La actual crisis de fe (cristiana) es, por tanto, "crisis de la esperanza cristiana", crisis de su propuesta salvífica universal frente a la "fe en el progreso tecnocientífico" y su "esperanza" de cortas miras.

5. Este proceso cultural ha adquirido significados políticos (n. 19), cuando la esperanza redentora moderna cristaliza, primero, como "revolución francesa" (revolución liberal-burguesa de la libertad y la razón) (siglo XVIII); y, después, como "revolución proletaria" (siglo XIX), revolución de la "política con pretensiones científicas" (n. 20), y obediente a un materialismo craso y ajeno al ser humano en cuanto tal.

6. Luego, ¿qué autocrítica no necesitará la edad moderna al dialogar con el cristianismo del presente y su concepción de la esperanza? ¿Cómo no va a ser un diálogo purificador para ambos? En particular, necesitamos reconsiderar la idea de progreso y su significado; técnico, sí, pero también y aun antes, radicalmente humano (n. 22) y, por tanto, ético, y si ético, religioso, pues, sin el reconocimiento de Dios, "el hombre queda sin esperanza". "La razón necesita de la fe para llegar a ser totalmente ella...; razón y fe se necesitan mutuamente para realizar su verdadera naturaleza y misión" (n. 23). [Es evidente –añado por mi parte–, que este es un lugar irrenunciable de la reflexión filosófica y ética de Benedicto XVI y de toda la Doctrina Social de la Iglesia. Lo cual es muy razonable, pero me gusta añadir que debemos pensar formas de argumentar que diferencien bien cuándo hablamos a la luz de la revelación (fe) y cuándo de la sola inteligencia humana (razón). Como fuentes convergentes y coherentes, desde luego, pero que admiten distinta pretensión en cuanto a la certeza, y distinta clase de competencia para nosotros. Lo cual es muy importante al aclarar el lugar de la Iglesia en una sociedad democrática y políticamente laica, y al precisar la autonomía, la interdependencia, y el mutuo respeto de la política a la fe y de la fe a la política. Lo he desarrollado a menudo].

José Ignacio Calleja

TRABAJO PERSONAL

👁 Leo personalmente y con atención el texto.

✐ Subrayo aquello que más me llama la atención y quiero destacar. Al final elijo tres frases. Están en los números _____ _____ _____.

❓ Pongo un signo de interrogación en las frases que me cuestionan, que quiero aclarar, que no sé cómo llevarlas a la práctica, que no entiendo... Al final elijo tres. Están en los números _____ _____ _____.

¡! Pongo un signo de admiración en las frases que son muy sugerentes y me iluminan para la acción posterior. Al final elijo tres frases. Están en los párrafos _____ _____ _____.

👤 Saco conclusiones para la acción en los ámbitos en que nos movemos.

1. _____

2. _____

ENCUENTRO EN GRUPO

■ **Oramos juntos**

«Espera en el Señor, sé valiente,
ten ánimo, espera en el Señor» (*Sal* 27,14).

Tarde te amé

«¡Tarde te amé! ¡Tarde te amé, oh belleza
siempre antigua y siempre nueva!
¡Tarde te amé! Porque tú estabas dentro de mí
y yo estaba fuera de mí mismo, y por fuera te buscaba.
Yo me arrojaba, deforme como era,
en medio de tanta hermosura creada por Ti.

Tú estabas conmigo, pero yo no estaba contigo.
Me tenían alejado de Ti aquellas cosas
que, si no existieran en Ti, nada serían.
Tú, en cambio, me llamaste,
y tus gritos rompieron mi sordera.
Tú relampagueaste,
y tu resplandor eliminó mi ceguera.
Tú derramaste tal fragancia
que yo respiré y ahora suspiro por ti.
Tú me tocaste, y ardo en deseos de tu paz».

«Nos hiciste, Señor, para ti,
y nuestro corazón está inquieto
hasta que descanse en ti».

San Agustín

■ **¿Cómo vivimos?**

▶ Compartimos en grupo nuestro trabajo personal.

  ■ ¿Qué hemos descubierto?

  ■ ¿A qué conclusiones llegamos?

  ■ ¿Qué aplicaciones podemos hacer a nuestra tarea como evangelizadores?

Conclusiones y aplicaciones
•
•
•

▸ Profundizamos y concretamos:

- Mirando el ambiente en el que nos movemos, ¿cuáles son las fuentes principales de esperanza?

_____

_____

- ¿Podemos caer los cristianos hoy también en interpretar la «salvación del alma» como huida de la responsabilidad respecto a las cosas en su conjunto y, por consiguiente, en considerar el programa del cristianismo como búsqueda egoísta de la salvación que se niega a servir a los demás?

_____

_____

- ¿Hasta qué punto sigue hoy presente la tentación de poner nuestra principal esperanza en aspectos señalados en el tema, como la ciencia, el progreso, la política... o en otros que podemos imaginar, como el dinero, la tecnología...?

_____

_____

- Comentamos este texto del catecismo *Buscad al Señor"* (p. 166) eligiendo cada uno una frase corta y explicando por qué:

  «La esperanza brota "porque nos agarramos a tres verdades: Dios es omnipotente. Dios me ama inmensamente. Dios es fiel a las promesas. Y es él, el Dios de la misericordia, quien enciende en mí la confianza; gracias a él no me siento solo, ni inútil, ni abandonado, sino comprometido en un destino de salvación, que desembocará un día en el Paraíso" (Beato Juan Pablo I, Catequesis del 20 de septiembre de 1978)».

_____

_____

■ ¿Qué podemos hacer y cómo?

▸ Concretamos líneas de acción en los diversos ámbitos en los que estamos.

¿Qué podemos hacer?	¿Cómo?
• •	• •

Vídeo oficial que refleja una hermosa experiencia en el Congreso Juvenil Fe y Ciencia de la misión del altiplano de Guatemala en 2023.

▶ Ver el vídeo oficial y escuchar la canción en www.e-sm.net/223738_4.

Fe y ciencia

En un mundo de misterios y preguntas sin resolver
donde muchos se preguntan y buscan cómo responder,
las maravillas que nos muestran su gran amor
que nos hablan de un grande creador,
por la fe puedo creer que él con sus manos nos formó.
Y la ciencia me afirma la sabiduría de un gran Dios.
La fe me habla de lo que no puedo ver
y la ciencia me ayuda a comprender.

Fe y ciencia en armonía expresando su profundo amor,
unidos con un propósito de compartir la salvación.
Es una gran misión que con fe y ciencia adoremos al creador.

En la vida hay que avanzar con la certeza y sin dudar
de que Dios todo lo puede, solo tienes que confiar.
La fe me habla de lo que no puedo ver
y la ciencia me ayuda a comprender.

Fe y ciencia en armonía expresando su profundo amor,
unidos con un propósito de compartir la salvación.
Es una gran misión que con fe y ciencia adoremos al creador.

Muchos buscan la verdad pero no la hallarán
si no aceptan que Jesús es el camino y la vida y la verdad.

Fe y ciencia en armonía expresando su profundo amor,
unidos con un propósito de compartir la salvación.
Es una gran misión que con fe y ciencia adoremos al creador.

Acústico Hesed

- Relacionamos el contenido de esta canción con lo que dice el papa en estos números de la encíclica. ¿Tienen algo que ver? ¿O es algo totalmente distinto?
- "Fe y ciencia en armonía…" ¿Y fe y razón? ¿Y fe y política?

Muéstranos nuestro lugar en el mundo

Dios de amor, muéstranos nuestro lugar en el mundo
como instrumentos de tu cariño
por todos los seres de la tierra,
porque ninguno de ellos está olvidado ante ti.
Ilumina a los dueños del poder y del dinero
para que se guarden del pecado de la indiferencia,
amen el bien común, promuevan los débiles,
y cuiden este mundo que habitamos.
Los pobres y la tierra están clamando:
Señor, tómanos a nosotros con tu poder y tu luz,
para proteger toda vida,
para preparar un futuro mejor,
para que venga tu reino
de justicia, de paz, de amor y de hermosura.
Alabado seas. Amén.

Catecismo *Buscad al Señor* (p. 273),
de la oración de la carta encíclica *Laudato si'* 246.

LA VERDADERA FISONOMÍA DE LA ESPERANZA CRISTIANA

24. Preguntémonos ahora de nuevo: ¿qué podemos esperar? Y ¿qué es lo que no podemos esperar? Ante todo hemos de constatar que un progreso acumulativo solo es posible en lo material. Aquí, en el conocimiento progresivo de las estructuras de la materia, y en relación con los inventos cada día más avanzados, hay claramente una continuidad del progreso hacia un dominio cada vez mayor de la naturaleza. En cambio, en el ámbito de la conciencia ética y de la decisión moral, no existe una posibilidad similar de incremento, por el simple hecho de que la libertad del ser humano es siempre nueva y tiene que tomar siempre de nuevo sus decisiones. No están nunca ya tomadas para nosotros por otros; en este caso, en efecto, ya no seríamos libres. La libertad presupone que en las decisiones fundamentales cada hombre, cada generación, tenga un nuevo inicio. Es verdad que las nuevas generaciones pueden construir a partir de los conocimientos y experiencias de quienes les han precedido, así como aprovecharse del tesoro moral de toda la humanidad. Pero también pueden rechazarlo, ya que este no puede tener la misma evidencia que los inventos materiales.

El tesoro moral de la humanidad no está disponible como lo están en cambio los instrumentos que se usan; existe como invitación a la libertad y como posibilidad para ella. Pero esto significa que:

a) El recto estado de las cosas humanas, el bienestar moral del mundo, nunca puede garantizarse solamente a través de estructuras, por muy válidas que estas sean. Dichas estructuras no solo son importantes, sino necesarias; sin embargo, no pueden ni deben dejar al margen la libertad del hombre. Incluso las mejores estructuras funcionan únicamente cuando en una comunidad existen unas convicciones vivas capaces de motivar a los hombres para una adhesión libre al ordenamiento comunitario. La libertad necesita una convicción; una convicción no existe por sí misma, sino que ha de ser conquistada comunitariamente siempre de nuevo.

b) Puesto que el hombre sigue siendo siempre libre y su libertad es también siempre frágil, nunca existirá en este mundo el reino del bien definitivamente consolidado. Quien promete el mundo mejor que duraría irrevocablemente para siempre, hace una falsa promesa, pues ignora la libertad humana. La libertad debe ser conquistada para el bien una y otra vez. La libre adhesión al bien nunca existe simplemente por sí misma. Si hubiera estructuras que establecieran de manera definitiva una determinada –buena– condición del mundo, se negaría la libertad del hombre, y por eso, a fin de cuentas, en modo alguno serían estructuras buenas.

Un progreso acumulativo solo es posible en lo material

El tesoro moral de la humanidad

La libertad ha de ser conquistada comunitariamente siempre de nuevo

La libertad debe ser conquistada para el bien una y otra vez

La búsqueda de ordenamientos para las realidades humanas, tarea de cada generación

25. Una consecuencia de lo dicho es que la búsqueda, siempre nueva y fatigosa, de rectos ordenamientos para las realidades humanas es una tarea de cada generación; nunca es una tarea que se pueda dar simplemente por concluida. No obstante, cada generación tiene que ofrecer también su propia aportación para establecer ordenamientos convincentes de libertad y de bien, que ayuden a la generación sucesiva, como orientación al recto uso de la libertad humana y den también así, siempre dentro de los límites humanos, una cierta garantía también para el futuro.

Las buenas estructuras ayudan, pero por sí solas no bastan

Con otras palabras: las buenas estructuras ayudan, pero por sí solas no bastan. El hombre nunca puede ser redimido solamente desde el exterior. Francis Bacon y los seguidores de la corriente de pensamiento de la edad moderna inspirada en él, se equivocaban al considerar que el hombre sería redimido por medio de la ciencia. Con semejante expectativa se pide demasiado a la ciencia; esta especie de esperanza es falaz. La ciencia puede contribuir mucho a la humanización del mundo y de la humanidad. Pero también puede destruir al hombre y al mundo si no está orientada por fuerzas externas a ella misma.

El cristianismo moderno se ha concentrado sobre el individuo y su salvación

Por otra parte, debemos constatar también que el cristianismo moderno, ante los éxitos de la ciencia en la progresiva estructuración del mundo, se ha concentrado en gran parte solo sobre el individuo y su salvación. Con esto ha reducido el horizonte de su esperanza y no ha reconocido tampoco suficientemente la grandeza de su cometido, si bien es importante lo que ha seguido haciendo para la formación del hombre y la atención de los débiles y de los que sufren.

No es la ciencia la que redime al hombre, sino el amor

26. No es la ciencia la que redime al hombre. El hombre es redimido por el amor. Eso es válido incluso en el ámbito puramente intramundano. Cuando uno experimenta un gran amor en su vida, se trata de un momento de "redención" que da un nuevo sentido a su existencia. Pero muy pronto se da cuenta también de que el amor que se le ha dado, por sí solo, no soluciona el problema de su vida. Es un amor frágil. Puede ser destruido por la muerte.

El ser humano necesita un amor incondicionado

El ser humano necesita un amor incondicionado. Necesita esa certeza que le hace decir: "Ni muerte, ni vida, ni ángeles, ni principados, ni presente, ni futuro, ni potencias, ni altura, ni profundidad, ni criatura alguna podrá apartarnos del amor de Dios, manifestado en Cristo Jesús, Señor nuestro" (*Rom* 8,38-39). Si existe este amor absoluto con su certeza absoluta, entonces –solo entonces– el hombre es "redimido", suceda lo que suceda en su caso particular. Esto es lo que se ha de entender cuando decimos que Jesucristo nos ha "redimido". Por medio de Él estamos seguros de Dios, de un Dios que no es una lejana "causa primera" del mundo, porque su Hijo unigénito se ha hecho hombre y cada uno puede decir de Él: "Vivo de la fe en el Hijo de Dios, que me amó hasta entregarse por mí" (*Gal* 2,20).

27. En este sentido, es verdad que quien no conoce a Dios, aunque tenga múltiples esperanzas, en el fondo está sin esperanza, sin la gran esperanza que sostiene toda la vida (*cf. Ef* 2,12). La verdadera, la gran esperanza del hombre que resiste a pesar de todas las desilusiones, solo puede ser Dios, el Dios que nos ha amado y que nos sigue amando "hasta el extremo", "hasta el total cumplimiento" (*cf. Jn* 13,1; 19,30). Quien ha sido tocado por el amor empieza a intuir lo que sería propiamente "vida". Empieza a intuir qué quiere decir la palabra esperanza que hemos encontrado en el rito del Bautismo: de la fe se espera la "vida eterna", la vida verdadera que, totalmente y sin amenazas, es sencillamente vida en toda su plenitud. Jesús que dijo de sí mismo que había venido para que nosotros tengamos la vida y la tengamos en plenitud, en abundancia (*cf. Jn* 10,10), nos explicó también qué significa "vida": "Esta es la vida eterna: que te conozcan a ti, único Dios verdadero, y a tu enviado, Jesucristo" (*Jn* 17,3). La vida en su verdadero sentido no la tiene uno solamente para sí, ni tampoco solo por sí mismo: es una relación. Y la vida entera es relación con quien es la fuente de la vida. Si estamos en relación con Aquel que no muere, que es la Vida misma y el Amor mismo, entonces estamos en la vida. Entonces "vivimos".

28. Pero ahora surge la pregunta: de este modo, ¿no hemos recaído quizás en el individualismo de la salvación? ¿En la esperanza solo para mí que además, precisamente por eso, no es una esperanza verdadera porque olvida y descuida a los demás? No. La relación con Dios se establece a través de la comunión con Jesús, pues solos y únicamente con nuestras fuerzas no la podemos alcanzar. En cambio, la relación con Jesús es una relación con Aquel que se entregó a sí mismo en rescate por todos nosotros (*cf. 1 Tim* 2,6). Estar en comunión con Jesucristo nos hace participar en su ser "para todos", hace que este sea nuestro modo de ser. Nos compromete en favor de los demás, pero solo estando en comunión con Él podemos realmente llegar a ser para los demás, para todos.

Quisiera citar en este contexto al gran doctor griego de la Iglesia, san Máximo el Confesor († 662), el cual exhorta primero a no anteponer nada al conocimiento y al amor de Dios, pero pasa enseguida a aplicaciones muy prácticas: "Quien ama a Dios no puede guardar para sí el dinero, sino que lo reparte "según Dios" [...], a imitación de Dios, sin discriminación alguna"[19]. Del amor a Dios se deriva la participación en la justicia y en la bondad de Dios hacia los otros; amar a Dios requiere la libertad interior respecto a todo lo que se posee y todas las cosas materiales: el amor de Dios se manifiesta en la responsabilidad por el otro[20].

En la vida de san Agustín podemos observar de modo conmovedor la misma relación entre amor de Dios y responsabilidad para con los hombres. Tras su conversión a la fe cristiana quiso, junto con algunos ami-

---

[19] *Capítulos sobre la caridad*, *Centuria* 1, cap 1: *PG* 90, 965.
[20] *Cf. ibid.*: *PG* 90, 962-966.

gos de ideas afines, llevar una vida que estuviera dedicada totalmente a la palabra de Dios y a las cosas eternas. Quiso realizar con valores cristianos el ideal de la vida contemplativa descrito en la gran filosofía griega, eligiendo de este modo "la mejor parte" (*Lc* 10,42). Pero las cosas fueron de otra manera. Mientras participaba en la Misa dominical, en la ciudad portuaria de Hipona, fue llamado aparte por el Obispo, fuera de la muchedumbre, y obligado a dejarse ordenar para ejercer el ministerio sacerdotal en aquella ciudad. Fijándose retrospectivamente en aquel momento, escribe en sus *Confesiones*: "Aterrado por mis pecados y por el peso enorme de mis miserias, había meditado en mi corazón y decidido huir a la soledad. Mas tú me lo prohibiste y me tranquilizaste, diciendo: "Cristo murió por todos, para que los que viven ya no vivan para sí, sino para él que murió por ellos" (*cf. 2 Cor* 5,15)"[21]. Cristo murió por todos. Vivir para Él significa dejarse moldear en su "ser-para".

Gracias a su esperanza, Agustín se dedicó a la gente sencilla y a su ciudad

29. Esto supuso para Agustín una vida totalmente nueva. Así describió una vez su vida cotidiana: "Corregir a los indisciplinados, confortar a los pusilánimes, sostener a los débiles, refutar a los adversarios, guardarse de los insidiosos, instruir a los ignorantes, estimular a los indolentes, aplacar a los pendencieros, moderar a los ambiciosos, animar a los desalentados, apaciguar a los contendientes, ayudar a los pobres, liberar a los oprimidos, mostrar aprobación a los buenos, tolerar a los malos y [¡pobre de mí!] amar a todos"[22]. "Es el Evangelio lo que me asusta"[23], ese temor saludable que nos impide vivir para nosotros mismos y que nos impulsa a transmitir nuestra común esperanza. De hecho, esta era precisamente la intención de Agustín: en la difícil situación del imperio romano, que amenazaba también al África romana y que, al final de la vida de Agustín, llegó a destruirla, quiso transmitir esperanza, la esperanza que le venía de la fe y que, en total contraste con su carácter introvertido, le hizo capaz de participar decididamente y con todas sus fuerzas en la edificación de la ciudad. En el mismo capítulo de las *Confesiones*, en el cual acabamos de ver el motivo decisivo de su compromiso "para todos", dice también: Cristo "intercede por nosotros; de otro modo desesperaría. Porque muchas y grandes son mis dolencias; sí, son muchas y grandes, aunque más grande es tu medicina. De no haberse tu Verbo hecho carne y habitado entre nosotros, hubiéramos podido juzgarlo apartado de la naturaleza humana y desesperar de nosotros"[24]. Gracias a su esperanza, Agustín se dedicó a la gente sencilla y a su ciudad; renunció a su nobleza espiritual y predicó y actuó de manera sencilla para la gente sencilla.

---

[21] *Conf.* X 43, 70: *CSEL* 33, 279.
[22] *Sermo* 340, 3: *PL* 38, 1484; *cf.* F. van der Meer, *Agustín pastor de almas*, Madrid (1965), 351.
[23] *Sermo* 339, 4: *PL* 38, 1481.
[24] *Conf.* X, 43, 69: *CSEL* 33, 279.

30. Resumamos lo que hasta ahora ha aflorado en el desarrollo de nuestras reflexiones. A lo largo de su existencia, el hombre tiene muchas esperanzas, más grandes o más pequeñas, diferentes según los períodos de su vida. A veces puede parecer que una de estas esperanzas lo llena totalmente y que no necesita de ninguna otra. En la juventud puede ser la esperanza del amor grande y satisfactorio; la esperanza de cierta posición en la profesión, de uno u otro éxito determinante para el resto de su vida. Sin embargo, cuando estas esperanzas se cumplen, se ve claramente que esto, en realidad, no lo era todo. Está claro que el hombre necesita una esperanza que vaya más allá. Es evidente que solo puede contentarse con algo infinito, algo que será siempre más de lo que nunca podrá alcanzar.

En este sentido, la época moderna ha desarrollado la esperanza de la instauración de un mundo perfecto que parecía poder lograrse gracias a los conocimientos de la ciencia y a una política fundada científicamente. Así, la esperanza bíblica del reino de Dios ha sido reemplazada por la esperanza del reino del hombre, por la esperanza de un mundo mejor que sería el verdadero "reino de Dios". Esta esperanza parecía ser finalmente la esperanza grande y realista, la que el hombre necesita. Esta sería capaz de movilizar –por algún tiempo– todas las energías del hombre; este gran objetivo parecía merecer todo tipo de esfuerzos. Pero a lo largo del tiempo se vio claramente que esta esperanza se va alejando cada vez más.

Ante todo se tomó conciencia de que esta era quizás una esperanza para los hombres del mañana, pero no una esperanza para mí. Y aunque el "para todos" forme parte de la gran esperanza –no puedo ciertamente llegar a ser feliz contra o sin los otros–, es verdad que una esperanza que no se refiera a mí personalmente, ni siquiera es una verdadera esperanza. También resultó evidente que esta era una esperanza contra la libertad, porque la situación de las realidades humanas depende en cada generación de la libre decisión de los hombres que pertenecen a ella. Si, debido a las condiciones y a las estructuras, se les privara de esta libertad, el mundo, a fin de cuentas, no sería bueno, porque un mundo sin libertad no sería en absoluto un mundo bueno. Así, aunque sea necesario un empeño constante para mejorar el mundo, el mundo mejor del mañana no puede ser el contenido propio y suficiente de nuestra esperanza.

A este propósito se plantea siempre la pregunta: ¿Cuándo es "mejor" el mundo? ¿Qué es lo que lo hace bueno? ¿Según qué criterio se puede valorar si es bueno? ¿Y por qué vías se puede alcanzar esta "bondad"?

31. Más aún: nosotros necesitamos tener esperanzas –más grandes o más pequeñas–, que día a día nos mantengan en camino. Pero sin la gran esperanza, que ha de superar todo lo demás, aquellas no bastan. Esta gran esperanza solo puede ser Dios, que abraza el universo y que nos puede proponer y dar lo que nosotros por sí solos no podemos alcanzar. De hecho, el ser agraciado por un don forma parte de la esperanza. Dios es el fundamento de la esperanza; pero no cualquier dios, sino el

Dios que tiene un rostro humano y que nos ha amado hasta el extremo, a cada uno en particular y a la humanidad en su conjunto. Su reino no es un más allá imaginario, situado en un futuro que nunca llega; su reino está presente allí donde Él es amado y donde su amor nos alcanza. Solo su amor nos da la posibilidad de perseverar día a día con toda sobriedad, sin perder el impulso de la esperanza, en un mundo que por su naturaleza es imperfecto. Y, al mismo tiempo, su amor es para nosotros la garantía de que existe aquello que solo llegamos a intuir vagamente y que, sin embargo, esperamos en lo más íntimo de nuestro ser: la vida que es "realmente" vida. Trataremos de concretar más esta idea en la última parte, fijando nuestra atención en algunos "lugares" de aprendizaje y ejercicio práctico de la esperanza.

LA ESPERANZA CRISTIANA

¿Es posible un progreso acumulativo?
- **Sí en lo material:** instrumentos disponibles
- **No en la conciencia ética y decisión moral:** asumidas o no por la libertad humana

- **El amor, no la ciencia,** redime **al ser humano,** necesitado de una esperanza que vaya más allá
- **Amor y certeza absolutos:** relación con Dios, esperanza definitiva, a través de la comunión con Jesús, que nos compromete con los demás

Mundo perfecto
- Fundado en la ciencia y en la política: imposible de lograr
- Mundo futuro mejor: no sin mi libertad

La gran esperanza
- Fundada en Dios:
- Presente donde Él es amado y donde su amor nos alcanza

¿QUÉ HACE BUENO AL MUNDO?

La esperanza cristiana

Según el *Catecismo de la Iglesia Católica*, «la esperanza es la virtud teologal por la que aspiramos al Reino de los cielos y a la vida eterna como felicidad nuestra, poniendo nuestra confianza en las promesas de Cristo y apoyándonos no en nuestras fuerzas, sino en los auxilios de la gracia del Espíritu Santo» (1817).

Desde esta afirmación podemos abordar el contenido de estos números (*SS* 24-31). Tan solo el amor de Dios nos hace capaces de perseverar, sin perder el aliento de la esperanza, en un mundo que, por su propia naturaleza, es imperfecto. Así, ese amor de Dios se convierte para ser humano en garantía de la existencia de aquello que únicamente podemos intuir muy vagamente y que, sin embargo, anhelamos en lo más profundo de nuestro ser: la vida que es "realmente" Vida.

Diez claves de la *Spe salvi* de Benedicto XVI [7]

7. La libertad humana, la libertad personal y comunitaria, es insoslayable e irrenunciable, siempre, y las estructuras también son "necesarias" (n. 24a). "Las buenas estructuras ayudan", pero "por sí solas, no bastan" (n. 25). El cristianismo histórico ha hecho cosas muy buenas por la formación de los hombres y por los pobres, "pero se ha concentrado en gran parte solo sobre el individuo y su salvación" (n. 25). Solo el Amor incondicionado del Dios Amor, manifestado en Cristo, en "su ser para todos", nos redime plenamente, a todos y cada uno; solo esa realidad nos redime en esperanza total y absoluta (n. 27). De la experiencia personal del Dios-Amor al amor profundo a Dios. De este amor deriva nuestra "participación en la justicia y en la bondad de Dios hacia los otros... El amor de Dios se manifiesta en la responsabilidad por el otro" (n. 28). Y de ese amor deriva la libertad interior, la generosidad y el desprendimiento, la responsabilidad de todos con todos. Porque la esperanza del mundo es Dios, "el Dios que tiene un rostro humano", un rostro de amor, el Dios "cuyo reino está presente allí donde Él es amado y donde su amor nos alcanza" (n. 31). Hay lugares precisos donde esto se aprende y se practica (nn. 32-48). [Es evidente –añado por mi parte– que esta reflexión es muy bella, si bien el lector podrá observar, a mi juicio, que es muy abstracta o poco concreta, otra vez, desde el punto de vista de nuestra condición histórica y social].

José Ignacio Calleja

👁 Leo personalmente y con atención el texto.

✎ Subrayo aquello que más me llama la atención y quiero destacar. Al final elijo tres frases. Están en los números _____ _____ _____.

? Pongo un signo de interrogación en las frases que me cuestionan, que quiero aclarar, que no sé cómo llevarlas a la práctica, que no entiendo... Al final elijo tres. Están en los números _____ _____ _____.

¡! Pongo un signo de admiración en las frases que son muy sugerentes y me iluminan para la acción posterior. Al final elijo tres frases. Están en los párrafos _____ _____ _____.

👤 Saco conclusiones para la acción en los ámbitos en que nos movemos.

1. _____

2. _____

■ **Oramos juntos**

Salmo 130

Desde lo hondo a ti grito, Señor;
Señor, escucha mi voz;
estén tus oídos atentos
a la voz de mi súplica.

Si llevas cuenta de los delitos, Señor,
¿quién podrá resistir?
Pero de ti procede el perdón,
y así infundes respeto.

Mi alma espera en el Señor,
espera en su palabra;
mi alma aguarda al Señor,
más que el centinela la aurora.

Del Señor viene la misericordia,
la redención copiosa;
y él redimirá a Israel
de todos sus delitos.

■ **¿Cómo vivimos?**

▶ Compartimos en grupo nuestro trabajo personal.

- ¿Qué hemos descubierto?
- ¿A qué conclusiones llegamos?
- ¿Qué aplicaciones podemos hacer a nuestra tarea como evangelizadores?

Conclusiones y aplicaciones
•
•
•

▶ Profundizamos y concretamos:

■ ¿En qué suele poner el ser humano el fundamento de su esperanza? ¿En qué y por qué a veces falla?

_____

_____

■ ¿Cuál es el verdadero rostro de la esperanza cristiana? Lo imaginamos... y podemos dibujarlo.

_____

_____

■ ¿Es posible vivir en auténtica esperanza desde una actitud individualista? ¿Por qué?

_____

_____

■ ¿Cuál es la verdadera esperanza que le cabe al ser humano? ¿Qué hacer para que sea eficaz?

_____

_____

■ **¿Qué podemos hacer y cómo?**

▶ Concretamos líneas de acción en los diversos ámbitos en los que estamos.

¿Qué podemos hacer?	¿Cómo?
• •	• •

Jesús Adrián Romero Ibarra, cantante y compositor mexicano nacido el 16 de febrero de 1965, es considerado uno de los artistas más representativos de la música cristiana de Hispanoamérica. He aquí una llamada al compromiso para hacer bueno al mundo.

▶ Ver el vídeo oficial y escuchar la canción en www.e-sm.net/223738_5.

Hombres de compromiso

Hombres que no se conforman
al mundo y su condición,
hombres que harán compromisos
para vencer toda tentación.

Hombres que sean ejemplo
de amor, justicia y verdad,
hombres que cambian su mundo
y no se dejan por él cambiar.

Dios está buscando, Dios está llamando
hombres que quieran su mundo impactar,
las buenas nuevas de Cristo llevar.

Dios está buscando, Dios está llamando
hombres que quieran a Dios agradar
hombres que quieran su vida entregar a Él.

Jesús Adrián Romero

- ¿Qué tiene que ver el contenido de esta canción con lo que dice el Papa en estos números de la encíclica?
- Del amor profundo a Dios deriva nuestra «participación en la justicia y en la bondad de Dios hacia los otros... El amor de Dios se manifiesta en la responsabilidad por el otro» (28). ¿Cómo lo hacemos?
- Y de ese amor deriva la libertad interior, la generosidad y el desprendimiento, la responsabilidad de todos con todos. ¿Cómo podemos hacerlo?

PARA ORAR E INTERIORIZAR

Oración a la Virgen de la Esperanza

Madre de la esperanza y madre nuestra,
enséñanos a orar para que nunca
decaiga nuestra fe en tu Hijo,
Salvador para todos los hombres.

Virgen bendita de la Esperanza, protégenos
del desánimo, el desaliento y la zozobra
cuando nos alcancen y nos desarmen;
que tu presencia nos reanime y nos reafirme

en la espera
cuando nos sintamos desfallecer,
cuando las propias fuerzas no alcancen
y el horizonte se llene de nubarrones.

Que tu ejemplo inmarcesible al pie de la cruz
donde murió Jesús, Hijo tuyo y Señor nuestro,
nos muestre el camino
para transformar el dolor en esperanza.

Señora de la Esperanza en quien descansamos,
concédenos vislumbrar con renovada confianza
la vida eterna que tenemos prometida
y alumbra nuestro peregrinaje en la tierra
para que sepamos llevar esperanza
a los que caminan a nuestro lado.

Acoge, Dios Padre de bondad infinita,
nuestras súplicas esperanzadas.
Amén.

I. La oración como escuela de la esperanza

32. Un lugar primero y esencial de aprendizaje de la esperanza es la oración. Cuando ya nadie me escucha, Dios todavía me escucha. Cuando ya no puedo hablar con ninguno, ni invocar a nadie, siempre puedo hablar con Dios. Si ya no hay nadie que pueda ayudarme –cuando se trata de una necesidad o de una expectativa que supera la capacidad humana de esperar–, Él puede ayudarme[25]. Si me veo relegado a la extrema soledad...; el que reza nunca está totalmente solo. De sus trece años de prisión, nueve de los cuales en aislamiento, el inolvidable Cardenal Nguyen Van Thuan nos ha dejado un precioso opúsculo: *Oraciones de esperanza*. Durante trece años en la cárcel, en una situación de desesperación aparentemente total, la escucha de Dios, el poder hablarle, fue para él una fuerza creciente de esperanza, que después de su liberación le permitió ser para los hombres de todo el mundo un testigo de la esperanza, esa gran esperanza que no se apaga ni siquiera en las noches de la soledad.

Aprendizaje de la esperanza en la oración

33. Agustín ilustró de forma muy bella la relación íntima entre oración y esperanza en una homilía sobre la *Primera Carta de San Juan*. Él define la oración como un ejercicio del deseo. El hombre ha sido creado para una gran realidad, para Dios mismo, para ser colmado por Él. Pero su corazón es demasiado pequeño para la gran realidad que se le entrega. Tiene que ser ensanchado. "Dios, retardando [su don], ensancha el deseo; con el deseo, ensancha el alma y, ensanchándola, la hace capaz [de su don]". Agustín se refiere a san Pablo, el cual dice de sí mismo que vive lanzado hacia lo que está por delante (*cf. Flp* 3,13).

La oración, ejercicio del deseo... Ensanchar el corazón

Después usa una imagen muy bella para describir este proceso de ensanchamiento y preparación del corazón humano. "Imagínate que Dios quiere llenarte de miel [símbolo de la ternura y la bondad de Dios]; si estás lleno de vinagre, ¿dónde pondrás la miel?" El vaso, es decir el corazón, tiene que ser antes ensanchado y luego purificado: liberado del vinagre y de su sabor. Eso requiere esfuerzo, es doloroso, pero solo así se logra la capacitación para lo que estamos destinados[26]. Aunque Agustín habla directamente solo de la receptividad para con Dios, se ve claramente que con este esfuerzo por liberarse del vinagre y de su sabor, el hombre no solo se hace libre para Dios, sino que se abre también a los demás. En efecto, solo convirtiéndonos en hijos de Dios podemos estar

Abrirse a Dios... y a los demás

---

[25] *Cf. Catecismo de la Iglesia Católica* 2657.
[26] *Cf. In 1 Joannis* 4, 6: *PL* 35, 2008s.

con nuestro Padre común. Rezar no significa salir de la historia y retirarse en el rincón privado de la propia felicidad. El modo apropiado de orar es un proceso de purificación interior que nos hace capaces para Dios y, precisamente por eso, capaces también para los demás.

Aprender qué podemos pedirle a Dios en la oración

En la oración, el hombre ha de aprender qué es lo que verdaderamente puede pedirle a Dios, lo que es digno de Dios. Ha de aprender que no puede rezar contra el otro. Ha de aprender que no puede pedir cosas superficiales y banales que desea en ese momento, la pequeña esperanza equivocada que lo aleja de Dios. Ha de purificar sus deseos y sus esperanzas. Debe liberarse de las mentiras ocultas con que se engaña a sí mismo: Dios las escruta, y la confrontación con Dios obliga al hombre a reconocerlas también. "¿Quién conoce sus faltas? Absuélveme de lo que se me oculta", ruega el salmista (19[18],13). No reconocer la culpa, la ilusión de inocencia, no me justifica ni me salva, porque la ofuscación de la conciencia, la incapacidad de reconocer en mí el mal en cuanto tal, es culpa mía.

El encuentro con Dios despierta mi conciencia para escuchar el Bien

Si Dios no existe, entonces quizás tengo que refugiarme en estas mentiras, porque no hay nadie que pueda perdonarme, nadie que sea el verdadero criterio. En cambio, el encuentro con Dios despierta mi conciencia para que esta ya no me ofrezca más una autojustificación ni sea un simple reflejo de mí mismo y de los contemporáneos que me condicionan, sino que se transforme en capacidad para escuchar el Bien mismo.

Oración personal iluminada por las grandes oraciones de la Iglesia

34. Para que la oración produzca esta fuerza purificadora debe ser, por una parte, muy personal, una confrontación de mi yo con Dios, con el Dios vivo. Pero, por otra, ha de estar guiada e iluminada una y otra vez por las grandes oraciones de la Iglesia y de los santos, por la oración litúrgica, en la cual el Señor nos enseña constantemente a rezar correctamente. El Cardenal Nguyen Van Thuan cuenta en su libro de Ejercicios espirituales cómo en su vida hubo largos períodos de incapacidad de rezar y cómo él se aferró a las palabras de la oración de la Iglesia: el Padrenuestro, el Avemaría y las oraciones de la Liturgia[27]. En la oración tiene que haber siempre esta interrelación entre oración pública y oración personal. Así podemos hablar a Dios, y así Dios nos habla a nosotros. De este modo se realizan en nosotros las purificaciones, a través de las cuales llegamos a ser capaces de Dios e idóneos para servir a los hombres. Así nos hacemos capaces de la gran esperanza y nos convertimos en ministros de la esperanza para los demás: la esperanza en sentido cristiano es siempre esperanza para los demás. Y es esperanza activa, con la cual luchamos para que las cosas no acaben en un "final perverso". Es también esperanza activa en el sentido de que mantenemos el mundo abierto a Dios. Solo así permanece también como esperanza verdaderamente humana.

---

[27] *Cf. Testigos de esperanza*, Ciudad Nueva 2000, 135s.

II. El actuar y el sufrir como lugares de aprendizaje de la esperanza

35. Toda actuación seria y recta del hombre es esperanza en acto. Lo es ante todo en el sentido de que así tratamos de llevar adelante nuestras esperanzas, más grandes o más pequeñas; solucionar este o aquel otro cometido importante para el porvenir de nuestra vida: colaborar con nuestro esfuerzo para que el mundo llegue a ser un poco más luminoso y humano, y se abran así también las puertas hacia el futuro.

Tratamos de llevar adelante nuestras esperanzas

Pero el esfuerzo cotidiano por continuar nuestra vida y por el futuro de todos nos cansa o se convierte en fanatismo, si no está iluminado por la luz de aquella esperanza más grande que no puede ser destruida ni siquiera por frustraciones en lo pequeño ni por el fracaso en los acontecimientos de importancia histórica. Si no podemos esperar más de lo que es efectivamente posible en cada momento y de lo que podemos esperar que las autoridades políticas y económicas nos ofrezcan, nuestra vida se ve abocada muy pronto a quedar sin esperanza. Es importante sin embargo saber que yo todavía puedo esperar, aunque aparentemente ya no tenga nada más que esperar para mi vida o para el momento histórico que estoy viviendo. Solo la gran esperanza-certeza de que, a pesar de todas las frustraciones, mi vida personal y la historia en su conjunto están custodiadas por el poder indestructible del Amor y que, gracias al cual, tienen para él sentido e importancia, solo una esperanza así puede en ese caso dar todavía ánimo para actuar y continuar.

Gran esperanza-certeza: mi vida y la historia están custodiadas por el poder indestructible del Amor

Ciertamente, no "podemos construir" el reino de Dios con nuestras fuerzas, lo que construimos es siempre reino del hombre con todos los límites propios de la naturaleza humana. El reino de Dios es un don, y precisamente por eso es grande y hermoso, y constituye la respuesta a la esperanza. Y no podemos –por usar la terminología clásica– "merecer" el cielo con nuestras obras. Este es siempre más de lo que merecemos, del mismo modo que ser amados nunca es algo "merecido", sino siempre un don. No obstante, aun siendo plenamente conscientes de la "plusvalía" del cielo, sigue siendo siempre verdad que nuestro obrar no es indiferente ante Dios y, por tanto, tampoco es indiferente para el desarrollo de la historia. De nuestro obrar brota esperanza para nosotros y para los demás; pero al mismo tiempo, lo que nos da ánimos y orienta nuestra actividad, tanto en los momentos buenos como en los malos, es la gran esperanza fundada en las promesas de Dios. Podemos abrirnos nosotros mismos y abrir el mundo para que entre Dios: la verdad, el amor y el bien. Es lo que han hecho los santos que, como "colaboradores de Dios", han contribuido a la salvación del mundo (*cf. 1 Cor* 3,9; *1 Tes* 3,2). Podemos liberar nuestra vida y el mundo de las intoxicaciones y contaminaciones que podrían destruir el presente y el futuro. Podemos descubrir y tener limpias las fuentes de la creación y así, junto con la creación que nos precede como don, hacer lo que es justo, teniendo en cuenta sus propias exigencias y su finalidad. Eso sigue teniendo sentido

De nuestro obrar brota esperanza para nosotros y los demás

aunque en apariencia no tengamos éxito o nos veamos impotentes ante la superioridad de fuerzas hostiles. Así, por un lado, de nuestro obrar brota esperanza para nosotros y para los demás; pero al mismo tiempo, lo que nos da ánimos y orienta nuestra actividad, tanto en los momentos buenos como en los malos, es la gran esperanza fundada en las promesas de Dios.

Hacer todo lo posible para superar el sufrimiento no está en nuestras manos: solo Dios puede

36. Al igual que el obrar, también el sufrimiento forma parte de la existencia humana. Este se deriva, por una parte, de nuestra finitud y, por otra, de la gran cantidad de culpas acumuladas a lo largo de la historia, y que crece de modo incesante también en el presente. Conviene ciertamente hacer todo lo posible para disminuir el sufrimiento; impedir cuanto se pueda el sufrimiento de los inocentes; aliviar los dolores y ayudar a superar las dolencias psíquicas. Todos estos son deberes tanto de la justicia como del amor y forman parte de las exigencias fundamentales de la existencia cristiana y de toda vida realmente humana. En la lucha contra el dolor físico se han hecho grandes progresos, aunque en las últimas décadas ha aumentado el sufrimiento de los inocentes y también las dolencias psíquicas. Es cierto que debemos hacer todo lo posible para superar el sufrimiento, pero extirparlo del mundo por completo no está en nuestras manos, simplemente porque no podemos desprendernos de nuestra limitación, y porque ninguno de nosotros es capaz de eliminar el poder del mal, de la culpa, que –lo vemos– es una fuente continua de sufrimiento. Esto solo podría hacerlo Dios: y solo un Dios que, haciéndose hombre, entrase personalmente en la historia y sufriese en ella.

Esperanza que nos da el valor para ponernos de la parte del bien

Nosotros sabemos que este Dios existe y que, por tanto, este poder que "quita el pecado del mundo" (*Jn* 1,29) está presente en el mundo. Con la fe en la existencia de este poder ha surgido en la historia la esperanza de la salvación del mundo. Pero se trata precisamente de esperanza y no aún de cumplimiento; esperanza que nos da el valor para ponernos de la parte del bien aun cuando parece que ya no hay esperanza, y conscientes además de que, viendo el desarrollo de la historia tal como se manifiesta externamente, el poder de la culpa permanece como una presencia terrible, incluso para el futuro.

No podemos suprimir el sufrimiento, pero sí aceptar la tribulación y madurar en ella

37. Volvamos a nuestro tema. Podemos tratar de limitar el sufrimiento, luchar contra él, pero no podemos suprimirlo. Precisamente cuando los hombres, intentando evitar toda dolencia, tratan de alejarse de todo lo que podría significar aflicción, cuando quieren ahorrarse la fatiga y el dolor de la verdad, del amor y del bien, caen en una vida vacía en la que quizás ya no existe el dolor, pero en la que la oscura sensación de la falta de sentido y de la soledad es mucho mayor aún. Lo que cura al hombre no es esquivar el sufrimiento y huir ante el dolor, sino la capacidad de aceptar la tribulación, madurar en ella y encontrar en ella un sentido mediante la unión con Cristo, que ha sufrido con amor infinito.

En este contexto, quisiera citar algunas frases de una carta del mártir vietnamita Pablo Le-Bao-Thin († 1857) en las que resalta esta transformación del sufrimiento mediante la fuerza de la esperanza que proviene de la fe. "Yo, Pablo, encarcelado por el nombre de Cristo, os quiero explicar las tribulaciones en que me veo sumergido cada día, para que, enfervorizados en el amor de Dios, alabéis conmigo al Señor, porque es eterna su misericordia (cf. Sal 136 [135]). Esta cárcel es un verdadero infierno: a los crueles suplicios de toda clase, como son grillos, cadenas de hierro y ataduras, hay que añadir el odio, las venganzas, las calumnias, palabras indecentes, peleas, actos perversos, juramentos injustos, maldiciones y, finalmente, angustias y tristeza. Pero Dios, que en otro tiempo libró a los tres jóvenes del horno de fuego, está siempre conmigo y me libra de las tribulaciones y las convierte en dulzura, porque es eterna su misericordia. En medio de estos tormentos, que aterrorizarían a cualquiera, por la gracia de Dios estoy lleno de gozo y alegría, porque no estoy solo, sino que Cristo está conmigo [...]. ¿Cómo resistir este espectáculo, viendo cada día cómo los emperadores, los mandarines y sus cortesanos blasfeman tu santo nombre, Señor, que te sientas sobre los querubines y serafines? (cf. Sal 80 [79],2). ¡Mira, tu cruz es pisoteada por los paganos! ¿Dónde está tu gloria? Al ver todo esto, prefiero, encendido en tu amor, morir descuartizado, en testimonio de tu amor. Muestra, Señor, tu poder, sálvame y dame tu apoyo, para que la fuerza se manifieste en mi debilidad y sea glorificada ante los gentiles [...]. Queridos hermanos al escuchar todo esto, llenos de alegría, tenéis que dar gracias incesantes a Dios, de quien procede todo bien; bendecid conmigo al Señor, porque es eterna su misericordia [...]. Os escribo todo esto para que se unan vuestra fe y la mía. En medio de esta tempestad echo el ancla hasta el trono de Dios, esperanza viva de mi corazón..."[28].

Transformación el sufrimiento mediante la fuerza de la esperanza que proviene de la fe

Ésta es una carta "desde el infierno". Se expresa todo el horror de un campo de concentración en el cual, a los tormentos por parte de los tiranos, se añade el desencadenarse del mal en las víctimas mismas que, de este modo, se convierten incluso en nuevos instrumentos de la crueldad de los torturadores. Es una carta desde el "infierno", pero en ella se hace realidad la exclamación del *Salmo*: "Si escalo el cielo, allí estás tú; si me acuesto en el abismo, allí te encuentro... Si digo: "Que al menos la tiniebla me encubra ...", ni la tiniebla es oscura para ti, la noche es clara como el día" (*Sal* 139 [138] 8-12; cf. *Sal* 23[22], 4). Cristo ha descendido al "infierno" y así está cerca de quien ha sido arrojado allí, transformando por medio de Él las tinieblas en luz. El sufrimiento y los tormentos son terribles y casi insoportables. Sin embargo, ha surgido la estrella de la esperanza, el ancla del corazón llega hasta el trono de Dios. No se desata el mal en el hombre, sino que vence la luz: el sufrimiento –sin dejar de ser sufrimiento– se convierte a pesar de todo en canto de alabanza.

Sufrimiento convertido en canto de alabanza

---

[28] *Breviario Romano*, Oficio de Lectura, 24 noviembre.

38. La grandeza de la humanidad está determinada esencialmente por su relación con el sufrimiento y con el que sufre. Esto es válido tanto para el individuo como para la sociedad. Una sociedad que no logra aceptar a los que sufren y no es capaz de contribuir mediante la compasión a que el sufrimiento sea compartido y sobrellevado también interiormente, es una sociedad cruel e inhumana. A su vez, la sociedad no puede aceptar a los que sufren y sostenerlos en su dolencia si los individuos mismos no son capaces de hacerlo y, en fin, el individuo no puede aceptar el sufrimiento del otro si no logra encontrar personalmente en el sufrimiento un sentido, un camino de purificación y maduración, un camino de esperanza. En efecto, aceptar al otro que sufre significa asumir de alguna manera su sufrimiento, de modo que este llegue a ser también mío. Pero precisamente porque ahora se ha convertido en sufrimiento compartido, en el cual se da la presencia de un otro, este sufrimiento queda traspasado por la luz del amor.

La palabra latina *consolatio*, consolación, lo expresa de manera muy bella, sugiriendo un "ser-con" en la soledad, que entonces ya no es soledad. Pero también la capacidad de aceptar el sufrimiento por amor del bien, de la verdad y de la justicia, es constitutiva de la grandeza de la humanidad porque, en definitiva, cuando mi bienestar, mi incolumidad, es más importante que la verdad y la justicia, entonces prevalece el dominio del más fuerte; entonces reinan la violencia y la mentira. La verdad y la justicia han de estar por encima de mi comodidad e incolumidad física, de otro modo mi propia vida se convierte en mentira. Y también el "sí" al amor es fuente de sufrimiento, porque el amor exige siempre nuevas renuncias de mi yo, en las cuales me dejo modelar y herir. En efecto, no puede existir el amor sin esta renuncia también dolorosa para mí, de otro modo se convierte en puro egoísmo y, con ello, se anula a sí mismo como amor.

39. Sufrir con el otro, por los otros; sufrir por amor de la verdad y de la justicia; sufrir a causa del amor y con el fin de convertirse en una persona que ama realmente, son elementos fundamentales de humanidad, cuya pérdida destruiría al hombre mismo. Pero una vez más surge la pregunta: ¿somos capaces de ello? ¿El otro es tan importante como para que, por él, yo me convierta en una persona que sufre? ¿Es tan importante para mí la verdad como para compensar el sufrimiento? ¿Es tan grande la promesa del amor que justifique el don de mí mismo? En la historia de la humanidad, la fe cristiana tiene precisamente el mérito de haber suscitado en el hombre, de manera nueva y más profunda, la capacidad de estos modos de sufrir que son decisivos para su humanidad. La fe cristiana nos ha enseñado que verdad, justicia y amor no son simplemente ideales, sino realidades de enorme densidad. En efecto, nos ha enseñado que Dios –la Verdad y el Amor en persona– ha querido sufrir por nosotros y con nosotros. Bernardo de Claraval acuñó la maravillosa expresión: *Impassibilis est Deus, sed non incompassibilis*[29], Dios no pue-

---

[29] *Sermones in Cant. Serm.* 26,5: *PL* 183, 906.

de padecer, pero puede compadecer. El hombre tiene un valor tan grande para Dios que se hizo hombre para poder com-padecer Él mismo con el hombre, de modo muy real, en carne y sangre, como nos manifiesta el relato de la Pasión de Jesús. Por eso, en cada pena humana ha entrado uno que comparte el sufrir y el padecer; de ahí se difunde en cada sufrimiento la *con-solatio*, el consuelo del amor participado de Dios y así aparece la estrella de la esperanza.

Ciertamente, en nuestras penas y pruebas menores siempre necesitamos también nuestras grandes o pequeñas esperanzas: una visita afable, la cura de las heridas internas y externas, la solución positiva de una crisis, etc. También estos tipos de esperanza pueden ser suficientes en las pruebas más o menos pequeñas. Pero en las pruebas verdaderamente graves, en las cuales tengo que tomar mi decisión definitiva de anteponer la verdad al bienestar, a la carrera, a la posesión, es necesaria la verdadera certeza, la gran esperanza de la que hemos hablado. Por eso necesitamos también testigos, mártires, que se han entregado totalmente, para que nos lo demuestren día tras día. Los necesitamos en las pequeñas alternativas de la vida cotidiana, para preferir el bien a la comodidad, sabiendo que precisamente así vivimos realmente la vida. Digámoslo una vez más: la capacidad de sufrir por amor de la verdad es un criterio de humanidad.

La capacidad de sufrir por amor de la verdad es un criterio de humanidad

No obstante, esta capacidad de sufrir depende del tipo y de la grandeza de la esperanza que llevamos dentro y sobre la que nos basamos. Los santos pudieron recorrer el gran camino del ser hombre del mismo modo en que Cristo lo recorrió antes de nosotros, porque estaban repletos de la gran esperanza.

Repletos de gran esperanza

40. Quisiera añadir aún una pequeña observación sobre los acontecimientos de cada día que no es del todo insignificante. La idea de poder «ofrecer» las pequeñas dificultades cotidianas, que nos aquejan una y otra vez como punzadas más o menos molestas, dándoles así un sentido, era parte de una forma de devoción todavía muy difundida hasta no hace mucho tiempo, aunque hoy tal vez menos practicada. En esta devoción había sin duda cosas exageradas y quizás hasta malsanas, pero conviene preguntarse si acaso no comportaba de algún modo algo esencial que pudiera sernos de ayuda. ¿Qué quiere decir «ofrecer»? Estas personas estaban convencidas de poder incluir sus pequeñas dificultades en el gran com-padecer de Cristo, que así entraban a formar parte de algún modo del tesoro de compasión que necesita el género humano. De esta manera, las pequeñas contrariedades diarias podrían encontrar también un sentido y contribuir a fomentar el bien y el amor entre los hombres. Quizás debamos preguntarnos realmente si esto no podría volver a ser una perspectiva sensata también para nosotros.

Ofrecer las pequeñas contrariedades diarias para contribuir a fomentar el bien y el amor entre los hombres

LUGARES DE APRENDIZAJE Y SERVICIO DE LA ESPERANZA

La oración	El sufrimiento

Cuando nadie me ayuda, Dios puede ayudarme
- Ejercicio del deseo: ensanchar el corazón humano.
- Purificada: ser capaces para Dios y para servir a los demás
- Aprender qué podemos pedir a Dios sin autojustificaciones
- Oración personal y de la Iglesia

Yo puedo esperar: poder indestructible del amor
- Aceptar la tribulación y madurar en ella
- Mártires y santos como Cristo: capacidad de sufrir por amor a la verdad
- Ofrecer la pequeñas dificultades en el com-padecer de Cristo

Oración sincera, solidaria, madura, activa	Lucha contra el sufrimiento en esperanza

SER MINISTROS DE ESPERANZA PARA LOS DEMÁS

Los lugares de la esperanza I: la oración y el sufrimiento

Dios es mi esperanza; la forma de acercarme a él o hablar con él, es a través de la oración. Si nos abrimos a Dios y creamos un corazón liberado, ensanchado y purificado, conseguiremos hacernos libres no solo para Dios sino también para los demás.

La oración debe ser personal; una confrontación de mi yo con Dios, con el Dios vivo, sin olvidar y ayudándonos de las oraciones de la Iglesia. Es una comunicación entre Dios y nosotros; una forma de llegar a Dios y de servir a los hombres. Así conseguiremos ser esperanza para los demás.

El sufrimiento es algo que está presente en el mundo y en nosotros; ninguno puede eliminarlo salvo la esperanza de la Salvación del mundo. Dios lo conoce porque ha sufrido por nosotros y con nosotros.

Diez claves de la *Spe salvi* de Benedicto XVI [8-9]

8. Los "lugares" de aprendizaje y ejercicio de la esperanza cristiana son, por ejemplo, la oración (n. 32): en el mundo y sincera, solidaria, honda y madura; y lo es el actuar desde la esperanza que nos redime del cansancio, el desánimo y el fanatismo. Y, sobre todo, una advertencia: No podemos construir "el reino de Dios" (n. 35) con nuestras fuerzas, pues "lo que construimos es siempre reino del hombre...; el reino de Dios es un don... y constituye la respuesta a la esperanza" (n. 35), si bien, "nuestro obrar no es indiferente ante Dios... y tampoco es indiferente para el desarrollo de la historia" (n. 35). [Es aquí –añado por mi parte– donde más desencarnado encuentro el discurso de Benedicto XVI. Al no referirse a la relación don-tarea en cuanto al crecimiento histórico del Reino de Dios, o, en otro lenguaje, como gracia y compromiso, por más que podamos ver esa relación sacramental con mayor pesimismo histórico (una y otra vez, fracasada), o con mayor optimismo (una y otra vez aportando aspectos nuevos y buenos); al no mencionar la realización del Reino de Dios, en cuanto realidad ya sí presente en la historia por Jesucristo, como realidad verificada en la dimensión social de la evangelización de la Iglesia, en el ecumenismo por la justicia y la paz de todas las Iglesias, y de todas las religiones, y en el valor sacramental para el Reino de Dios de las mejores realizaciones históricas del ser humano en cuanto tal, lo que llamamos acción liberadora o humanizadora en sus mejores logros, ¡algunos tendrá!, verdaderamente queda muy recortada la universalidad de la acción salvífica de Dios en Cristo en su dimensión de encarnación histórica].

9. Otro gran lugar de aprendizaje y práctica de la esperanza es la experiencia personal de sufrimiento y, en su caso, de lucha contra él. Es lógico y digno luchar por la desaparición del sufrimiento, pero, ante situaciones de imposibilidad, hemos de encontrar ahí un sentido redentor a la luz de Cristo (n. 37). Y aquí desarrolla la encíclica una gran reflexión sobre el sufrimiento y los que sufren (n. 38), convencido el Papa de que es ahí donde se juega la grandeza de la humanidad. [Y otra vez –a mi juicio–, una lectura cristiana del problema en clave casi exclusivamente "personalista", exigente para cada uno, ¡y mucho! (n. 39), pero sin referencias nítidas hacia la consideración "política" del problema, el que atiende también a las causas y consecuencias en su carácter social o estructural. Este personalismo hermenéutico se impone una y otra vez en la dialéctica con el político, hasta, a veces, como aquí, desaparecer el segundo por completo].

José Ignacio Calleja

- 👁 Leo personalmente y con atención el texto.

- 🖊 Subrayo aquello que más me llama la atención y quiero destacar. Al final elijo tres frases. Están en los números _____ _____ _____.

? Pongo un signo de interrogación en las frases que me cuestionan, que quiero aclarar, que no sé cómo llevarlas a la práctica, que no entiendo... Al final elijo tres. Están en los números _____ _____ _____.

¡! Pongo un signo de admiración en las frases que son muy sugerentes y me iluminan para la acción posterior. Al final elijo tres frases. Están en los párrafos _____ _____ _____.

& Saco conclusiones para la acción en los ámbitos en que nos movemos.

1. _____

2. _____

ENCUENTRO EN GRUPO

■ Oramos juntos

«Y sucedió que, estando Él orando en cierto lugar, cuando terminó, le dijo uno de sus discípulos: Señor, enséñanos a orar, como enseñó Juan a sus discípulos. Él les dijo: Cuando oréis, decid: Padre, santificado sea tu Nombre, venga tu Reino, danos cada día nuestro pan cotidiano, y perdónanos nuestros pecados porque también nosotros perdonamos a todo el que nos debe, y no nos dejes caer en tentación». (*Lc* 11,1-4)

En ti esta todo

Señor Jesús, arrodillado,
de tú a tú ante el tabernáculo, comprendo:
no podría elegir otro camino, otro camino más feliz,
aunque, en apariencia, hay otros más gloriosos.
Pero Tú, amigo eterno, único amigo de mi vida,
no estás presente en ellos.
En ti está todo el cielo con la Trinidad,
el mundo entero y la humanidad entera.

Cardenal Nguyen Van Thuan

■ ¿Cómo vivimos?

▶ Compartimos en grupo nuestro trabajo personal.

- ¿Qué hemos descubierto?
- ¿A qué conclusiones llegamos?
- ¿Qué aplicaciones podemos hacer a nuestra tarea como evangelizadores?

-

-

-

▶ Profundizamos y concretamos:

■ ¿Qué podemos hacer para reconocer el don de ser amados? ¿Y cómo podemos lograr que lo descubran y sientan los demás?

_____

_____

■ ¿Cómo y en qué nos ayuda la oración a servir a los demás? ¿Cuál es nuestra experiencia?

_____

_____

■ ¿Podemos decir que nuestra oración es sincera, honda, solidaria, madura, activa? ¿Por qué? ¿En qué se muestra?

_____

_____

■ ¿Hemos llegado a sentir el amor participado de Dios en momentos difíciles, de sufrimiento o de pena? ¿Cuál ha sido nuestra reacción o forma de afrontarlo?

_____

_____

■ ¿Cómo podemos ser mártires (testigos) con nuestra capacidad de sufrir por amor a la verdad?

_____

_____

■ ¿Cómo y en qué nos ha ayudado el sufrimiento a madurar?

_____

_____

■ **¿Qué podemos hacer y cómo?**

▶ Concretamos líneas de acción en los diversos ámbitos en los que estamos.

¿Qué podemos hacer?	¿Cómo?
 • •	 • •

Cuando nadie me ayuda, Dios puede ayudarme

¿No es la esperanza "en toda situación poder en ti confiar"? He aquí una oración en la oscuridad que confía encontrar la luz y gracia "para poder llegar". ¡Un gran alimento de la esperanza!

▶ Ver el vídeo y escuchar la canción en www.e-sm.net/223738_6.

La oración

Ayúdanos, Señor, la senda a caminar,
en toda situación poder en ti confiar.

Esta es la oración en la oscuridad:
luz a nuestro andar ,
gracia al caminar,
fe para poder llegar.

Que alumbre al corazón
la luz que tú nos das,
que pueda como el sol
la sombra disipar.

Esta es la oración en la oscuridad:
luz a nuestro andar ,
gracia al caminar,
fe para poder llegar.

Un mundo sin angustia ni violencia
con corazones llenos de esperanza

y la certeza de que somos tus hijos,
cada cual buscando el cielo alcanzar.

Que un mundo en la aflicción
se llene de tu paz,
que cada corazón
encuentre a quién amar.

Esta es la oración
y siempre así será:
luz a nuestro andar ,
gracia al caminar,
fe para poder llegar.

Luz a nuestro andar ,
gracia al caminar,
fe para poder llegar.

Ingrid Rosario y Ricardo Rodríguez

- Relacionamos el contenido de esta canción con lo que dice el papa en los primeros números de este apartado de la encíclica. ¿Qué coincidencias hay?
- La oración nos lleva a encontrar a quién amar... ¿Cómo podemos destacar esta dimensión comunitaria?

El misterio de mi dolor

«Lo que cura al hombre no es esquivar el sufrimiento y huir ante el dolor, sino la capacidad de aceptar la tribulación, madurar en ella y encontrar en ella un sentido mediante la unión con Cristo, que ha sufrido con amor infinito». (*SS* 37)

Acompañamos a Cristo en su Pasión con esta canción, pero siempre desde la esperanza de la Pascua.

▶ Ver el vídeo y escuchar la canción en www.e-sm.net/223738_7.

A la hora de nona

A la hora de nona, a la hora de nona
el Señor se inmoló en la cruz.
Con los brazos abiertos,
el martirio en el cuerpo,
el Señor se ofreció en la cruz.

Con los brazos abiertos de dolor,
a la hora de nona exclamó:
"A tus manos, oh Padre,
a tus manos, oh Padre,
encomiendo mi espíritu,
encomiendo mis gentes
en el misterio de mi dolor;
encomiendo mi vida
con mi martirio redentor.
Te lo ofrezco, Señor".

Al caer de la tarde,
al Señor de los Cielos
en silencio le enterraron con dolor.

En la tumba del huerto,
el sepulcro era nuevo
y la tierra en su seno lo abrazó.

Pero el grano enterrado floreció,
y el lucero del día se encendió,
y salió del sepulcro,
renació la esperanza
en el día de Pascua.
Celebremos la alianza
porque el Señor resucitó,
celebremos la Pascua
porque el Señor nos redimió.
"Vive Cristo, el Señor".

Ha vencido a la muerte,
vive Cristo, mi Señor,
Ha triunfado la vida,
viviré para mi Dios.

Amén, amén, aleluya, aleluya.

- Relacionamos el contenido de esta canción con lo que dice el papa en los últimos números de este apartado de la encíclica. ¿Qué coincidencias hay?
- ¿Cómo puede ayudarnos el dolor –integrado y superado– a que renazca la esperanza?

El entusiasmo de la esperanza

Dios Padre, Hijo y Espíritu Santo,
te damos gracias por haber donado a la Iglesia
el testimonio heroico del cardenal Nguyên Van Thuân.

La sufrida experiencia de la cárcel,
vivida en unión con Cristo Crucificado
y bajo la maternal protección de María,
forjó un testigo luminoso,
para la Iglesia y para el mundo,
de unidad y de perdón, de justicia y de paz.

Su amable persona y su ministerio episcopal
irradiaron la luz de la fe,
el entusiasmo de la esperanza
y el ardor de la caridad.

Concédenos hacer lo mismo ahora y siempre
en nuestra vida diaria y a nuestro alrededor. Amén.

III. El Juicio como lugar de aprendizaje
y ejercicio de la esperanza

41. La parte central del gran *Credo* de la Iglesia, que trata del misterio de Cristo desde su nacimiento eterno del Padre y el nacimiento temporal de la Virgen María, para seguir con la cruz y la resurrección y llegar hasta su retorno, se concluye con las palabras: "de nuevo vendrá con gloria para juzgar a vivos y muertos". Ya desde los primeros tiempos, la perspectiva del Juicio ha influido en los cristianos, también en su vida diaria, como criterio para ordenar la vida presente, como llamada a su conciencia y, al mismo tiempo, como esperanza en la justicia de Dios. La fe en Cristo nunca ha mirado solo hacia atrás ni solo hacia arriba, sino siempre adelante, hacia la hora de la justicia que el Señor había preanunciado repetidamente. Este mirar hacia adelante ha dado la importancia que tiene el presente para el cristianismo.

> El Juicio, criterio para ordenar la vida de los cristianos y esperanza en la justicia de Dios

En la configuración de los edificios sagrados cristianos, que quería hacer visible la amplitud histórica y cósmica de la fe en Cristo, se hizo habitual representar en el lado oriental al Señor que vuelve como rey –imagen de la esperanza–, mientras en el lado occidental estaba el Juicio final como imagen de la responsabilidad respecto a nuestra vida, una representación que miraba y acompañaba a los fieles justamente en su retorno a lo cotidiano. En el desarrollo de la iconografía, sin embargo, se ha dado después cada vez más relieve al aspecto amenazador y lúgubre del Juicio, que obviamente fascinaba a los artistas más que el esplendor de la esperanza, el cual quedaba con frecuencia excesivamente oculto bajo la amenaza.

> Iconografía: el Señor que vuelve como rey, imagen de la esperanza, y el Juicio final, imagen de la responsabilidad

42. En la época moderna, la idea del Juicio final se ha desvaído: la fe cristiana se entiende y orienta sobre todo hacia la salvación personal del alma; la reflexión sobre la historia universal, en cambio, está dominada en gran parte por la idea del progreso. Pero el contenido fundamental de la espera del Juicio no es que haya simplemente desaparecido, sino que ahora asume una forma totalmente diferente. El ateísmo de los siglos XIX y XX, por sus raíces y finalidad, es un moralismo, una protesta contra las injusticias del mundo y de la historia universal. Un mundo en el que hay tanta injusticia, tanto sufrimiento de los inocentes y tanto cinismo del poder, no puede ser obra de un Dios bueno. El Dios que tuviera la responsabilidad de un mundo así no sería un Dios justo y menos aún un Dios bueno. Hay que contestar este Dios precisamente en nombre de la moral. Y puesto que no hay un Dios que crea justicia, parece que ahora es el hombre mismo quien está llamado a establecer la justicia. Ahora

> En la época moderna, la idea del Juicio final se ha desvaído y asume una forma diferente

bien, si ante el sufrimiento de este mundo es comprensible la protesta contra Dios, la pretensión de que la humanidad pueda y deba hacer lo que ningún Dios hace ni es capaz de hacer, es presuntuosa e intrínsecamente falsa. Si de esta premisa se han derivado las más grandes crueldades y violaciones de la justicia, no es fruto de la casualidad, sino que se funda en la falsedad intrínseca de esta pretensión.

Un mundo que tiene que crear su justicia por sí mismo es un mundo sin esperanza

Un mundo que tiene que crear su justicia por sí mismo es un mundo sin esperanza. Nadie ni nada responde del sufrimiento de los siglos. Nadie ni nada garantiza que el cinismo del poder –bajo cualquier seductor revestimiento ideológico que se presente– no siga mangoneando en el mundo. Así, los grandes pensadores de la escuela de Francfort, Max Horkheimer y Theodor W. Adorno, han criticado tanto el ateísmo como el teísmo. Horkheimer ha excluido radicalmente que pueda encontrarse algún sucedáneo inmanente de Dios, pero rechazando al mismo tiempo también la imagen del Dios bueno y justo. En una radicalización extrema de la prohibición veterotestamentaria de las imágenes, él habla de la "nostalgia del totalmente Otro", que permanece inaccesible: un grito del deseo dirigido a la historia universal. También Adorno se ha ceñido decididamente a esta renuncia a toda imagen y, por tanto, excluye también la "imagen" del Dios que ama. No obstante, siempre ha subrayado también esta dialéctica "negativa" y ha afirmado que la justicia, una verdadera justicia, requeriría un mundo "en el cual no solo fuera suprimido el sufrimiento presente, sino también revocado lo que es irrevocablemente pasado"[30]. Pero esto significaría –expresado en símbolos positivos y, por tanto, para él inapropiados– que no puede haber justicia sin resurrección de los muertos. Pero una tal perspectiva comportaría "la resurrección de la carne, algo que es totalmente ajeno al idealismo, al reino del espíritu absoluto"[31].

Dios revela su rostro en el inocente que sufre, convertido en esperanza-certeza: Dios existe

43. También el cristiano puede y debe aprender siempre de nuevo de la rigurosa renuncia a toda imagen, que es parte del primer mandamiento de Dios (*cf. Ex* 20,4). La verdad de la teología negativa fue resaltada por el IV Concilio de Letrán, el cual declaró explícitamente que, por grande que sea la semejanza que aparece entre el Creador y la criatura, siempre es más grande la desemejanza entre ellos[32]. Para el creyente, no obstante, la renuncia a toda imagen no puede llegar hasta el extremo de tener que detenerse, como querrían Horkheimer y Adorno, en el "no" a ambas tesis, el teísmo y el ateísmo. Dios mismo se ha dado una "imagen": en el Cristo que se ha hecho hombre. En Él, el Crucificado, se lleva al extremo la negación de las falsas imágenes de Dios. Ahora Dios revela su rostro precisamente en la figura del que sufre y comparte la condición del hombre abandonado por Dios, tomándola consigo. Este inocente que sufre se

---

[30] *Negative Dialektik* (1966), Tercera parte, III, 11: Gesammelte Schriften, vol. VI, Frankfurt/Main, 1973, 395.

[31] *Ibid.*, Segunda parte, 207.

[32] *Cf. DS*, 806.

ha convertido en esperanza-certeza: Dios existe, y Dios sabe crear la justicia de un modo que nosotros no somos capaces de concebir y que, sin embargo, podemos intuir en la fe. Sí, existe la resurrección de la carne[33]. Existe una justicia[34]. Existe la "revocación" del sufrimiento pasado, la reparación que restablece el derecho.

Por eso la fe en el Juicio final es ante todo y sobre todo esperanza, esa esperanza cuya necesidad se ha hecho evidente precisamente en las convulsiones de los últimos siglos. Estoy convencido de que la cuestión de la justicia es el argumento esencial o, en todo caso, el argumento más fuerte en favor de la fe en la vida eterna. La necesidad meramente individual de una satisfacción plena que se nos niega en esta vida, de la inmortalidad del amor que esperamos, es ciertamente un motivo importante para creer que el hombre esté hecho para la eternidad; pero solo en relación con el reconocimiento de que la injusticia de la historia no puede ser la última palabra en absoluto, llega a ser plenamente convincente la necesidad del retorno de Cristo y de la vida nueva.

Necesidad del retorno de Cristo y de la vida nueva: la injusticia de la historia no puede ser la última palabra

44. La protesta contra Dios en nombre de la justicia no vale. Un mundo sin Dios es un mundo sin esperanza (*cf. Ef* 2,12). Solo Dios puede crear justicia. Y la fe nos da esta certeza: Él lo hace. La imagen del Juicio final no es en primer lugar una imagen terrorífica, sino una imagen de esperanza; quizás la imagen decisiva para nosotros de la esperanza. ¿Pero no es quizás también una imagen que da pavor? Yo diría: es una imagen que exige la responsabilidad. Una imagen, por lo tanto, de ese pavor al que se refiere san Hilario cuando dice que todo nuestro miedo está relacionado con el amor[35]. Dios es justicia y crea justicia. Este es nuestro consuelo y nuestra esperanza.

Juicio final, imagen de esperanza que exige responsabilidad

Pero en su justicia está también la gracia. Esto lo descubrimos dirigiendo la mirada hacia el Cristo crucificado y resucitado. Ambas –justicia y gracia– han de ser vistas en su justa relación interior. La gracia no excluye la justicia. No convierte la injusticia en derecho. No es un cepillo que borra todo, de modo que cuanto se ha hecho en la tierra acabe por tener siempre igual valor. Contra este tipo de cielo y de gracia ha protestado con razón, por ejemplo, Dostoievski en su novela *Los hermanos Karamazov*. Al final los malvados, en el banquete eterno, no se sentarán indistintamente a la mesa junto a las víctimas, como si no hubiera pasado nada. A este respecto quisiera citar un texto de Platón que expresa un presentimiento del juicio justo, que en gran parte es verdadero y provechoso también para el cristiano. Aunque con imágenes mitológicas, pero que expresan de modo inequívoco la verdad, dice que al final las almas estarán desnudas ante el juez. Ahora ya no cuenta lo que fueron una vez en la historia, sino solo lo que son de verdad. "Ahora [el juez] tiene quizás

La gracia no excluye la justicia

---

[33] *Cf. Catecismo de la Iglesia Católica* 988-1004.

[34] *Cf. ibid.*, 1004.

[35] *Cf. Tractatus super Psalmos, Ps.* 127, 1-3: *CSEL* 22, 628-630.

ante sí el alma de un rey [...] o algún otro rey o dominador, y no ve nada sano en ella. La encuentra flagelada y llena de cicatrices causadas por el perjurio y la injusticia [...] y todo es tortuoso, lleno de mentira y soberbia, y nada es recto, porque ha crecido sin verdad. Y ve cómo el alma, a causa de la arbitrariedad, el desenfreno, la arrogancia y la desconsideración en el actuar, está cargada de excesos e infamia. Ante semejante espectáculo, la manda enseguida a la cárcel, donde padecerá los castigos merecidos [...]. Pero a veces ve ante sí un alma diferente, una que ha transcurrido una vida piadosa y sincera [...], se complace y la manda a la isla de los bienaventurados"[36]. En la parábola del rico epulón y el pobre Lázaro (*cf. Lc* 16,19-31), Jesús ha presentado como advertencia la imagen de un alma similar, arruinada por la arrogancia y la opulencia, que ha cavado ella misma un foso infranqueable entre sí y el pobre: el foso de su cerrazón en los placeres materiales, el foso del olvido del otro y de la incapacidad de amar, que se transforma ahora en una sed ardiente y ya irremediable. Hemos de notar aquí que, en esta parábola, Jesús no habla del destino definitivo después del Juicio universal, sino que se refiere a una de las concepciones del judaísmo antiguo, es decir, la de una condición intermedia entre muerte y resurrección, un estado en el que falta aún la sentencia última.

Purgatorio: purificaciones con las que el alma madura para la unión con Dios

45. Esta visión del antiguo judaísmo de la condición intermedia incluye la idea de que las almas no se encuentran simplemente en una especie de recinto provisional, sino que padecen ya un castigo, como demuestra la parábola del rico epulón, o que por el contrario gozan ya de formas provisionales de bienaventuranza. Y, en fin, tampoco falta la idea de que en este estado se puedan dar también purificaciones y curaciones, con las que el alma madura para la comunión con Dios. La Iglesia primitiva ha asumido estas concepciones, de las que después se ha desarrollado paulatinamente en la Iglesia occidental la doctrina del purgatorio. No necesitamos examinar aquí el complicado proceso histórico de este desarrollo; nos preguntamos solamente de qué se trata realmente.

Infierno: no habría ya nada remediable

La opción de vida del hombre se hace definitiva con la muerte; esta vida suya está ante el Juez. Su opción, que se ha fraguado en el transcurso de toda la vida, puede tener distintas formas. Puede haber personas que han destruido totalmente en sí mismas el deseo de la verdad y la disponibilidad para el amor. Personas en las que todo se ha convertido en mentira; personas que han vivido para el odio y que han pisoteado en ellas mismas el amor. Esta es una perspectiva terrible, pero en algunos casos de nuestra propia historia podemos distinguir con horror figuras de este tipo. En semejantes individuos no habría ya nada remediable y la destrucción del bien sería irrevocable: esto es lo que se indica con la palabra *infierno*[37].

---

[36] *Gorgias* 525a-526c.
[37] *Cf. Catecismo de la Iglesia Católica* 1033-1037.

Por otro lado, puede haber personas purísimas, que se han dejado impregnar completamente de Dios y, por consiguiente, están totalmente abiertas al prójimo; personas cuya comunión con Dios orienta ya desde ahora todo su ser y cuyo caminar hacia Dios les lleva solo a culminar lo que ya son[38].

Personas impregnadas completamente de Dios

46. No obstante, según nuestra experiencia, ni lo uno ni lo otro son el caso normal de la existencia humana. En gran parte de los hombres –eso podemos suponer– queda en lo más profundo de su ser una última apertura interior a la verdad, al amor, a Dios. Pero en las opciones concretas de la vida, esta apertura se ha empañado con nuevos compromisos con el mal; hay mucha suciedad que recubre la pureza, de la que, sin embargo, queda la sed y que, a pesar de todo, rebrota una vez más desde el fondo de la inmundicia y está presente en el alma. ¿Qué sucede con estas personas cuando comparecen ante el Juez? Toda la suciedad que ha acumulado en su vida, ¿se hará de repente irrelevante? O, ¿qué otra cosa podría ocurrir? San Pablo, en la *Primera Carta a los Corintios*, nos da una idea del efecto diverso del juicio de Dios sobre el hombre, según sus condiciones. Lo hace con imágenes que quieren expresar de algún modo lo invisible, sin que podamos traducir estas imágenes en conceptos, simplemente porque no podemos asomarnos a lo que hay más allá de la muerte ni tenemos experiencia alguna de ello. Pablo dice sobre la existencia cristiana, ante todo, que esta está construida sobre un fundamento común: Jesucristo. Este es un fundamento que resiste. Si hemos permanecido firmes sobre este fundamento y hemos construido sobre él nuestra vida, sabemos que este fundamento no se nos puede quitar ni siquiera en la muerte. Y continúa: "Encima de este cimiento edifican con oro, plata y piedras preciosas, o con madera, heno o paja. Lo que ha hecho cada uno saldrá a la luz; el día del juicio lo manifestará, porque ese día despuntará con fuego y el fuego pondrá a prueba la calidad de cada construcción. Aquel, cuya obra, construida sobre el cimiento, resista, recibirá la recompensa, mientras que aquel cuya obra quede abrasada sufrirá el daño. No obstante, él quedará a salvo, pero como quien pasa a través del fuego" (3,12-15). En todo caso, en este texto se muestra con nitidez que la salvación de los hombres puede tener diversas formas; que algunas de las cosas construidas pueden consumirse totalmente; que para salvarse es necesario atravesar el "fuego" en primera persona para llegar a ser definitivamente capaces de Dios y poder tomar parte en la mesa del banquete nupcial eterno.

La salvación de los hombres puede tener diversas formas

47. Algunos teólogos recientes piensan que el fuego que arde, y que a la vez salva, es Cristo mismo, el Juez y Salvador. El encuentro con Él es el acto decisivo del Juicio. Ante su mirada, toda falsedad se deshace. Es el encuentro con Él lo que, quemándonos, nos transforma y nos libera para llegar a ser verdaderamente nosotros mismos. En ese momento, todo lo

Encuentro con Cristo, el acto decisivo del Juicio: quemándonos, nos transforma y nos libera

---

[38] Cf. *ibid.*, 1023-1029.

que se ha construido durante la vida puede manifestarse como paja seca, vacua fanfarronería, y derrumbarse. Pero en el dolor de este encuentro, en el cual lo impuro y malsano de nuestro ser se nos presenta con toda claridad, está la salvación. Su mirada, el toque de su corazón, nos cura a través de una transformación, ciertamente dolorosa, "como a través del fuego". Pero es un dolor bienaventurado, en el cual el poder santo de su amor nos penetra como una llama, permitiéndonos ser por fin totalmente nosotros mismos y, con ello, totalmente de Dios.

El "momento" transformador de este encuentro está fuera del cronometraje terrenal

El "momento" transformador de este encuentro está fuera del alcance del cronometraje terrenal. Es tiempo del corazón, tiempo del "paso" a la comunión con Dios en el Cuerpo de Cristo. Así se entiende también con toda claridad la compenetración entre justicia y gracia: nuestro modo de vivir no es irrelevante, pero nuestra inmundicia no nos ensucia eternamente, al menos si permanecemos orientados hacia Cristo, hacia la verdad y el amor. A fin de cuentas, esta suciedad ha sido ya quemada en la Pasión de Cristo. En el momento del Juicio experimentamos y acogemos este predominio de su amor sobre todo el mal en el mundo y en nosotros. El dolor del amor se convierte en nuestra salvación y nuestra alegría. Está claro que no podemos calcular con las medidas cronométricas de este mundo la "duración" de este arder que transforma. El "momento" transformador de este encuentro está fuera del alcance del cronometraje terrenal. Es tiempo del corazón, tiempo del "paso" a la comunión con Dios en el Cuerpo de Cristo[39].

El Juicio de Dios es esperanza porque es justicia y porque es gracia

El Juicio de Dios es esperanza, tanto porque es justicia, como porque es gracia. Si fuera solamente gracia que convierte en irrelevante todo lo que es terrenal, Dios seguiría debiéndonos aún la respuesta a la pregunta sobre la justicia, una pregunta decisiva para nosotros ante la historia y ante Dios mismo. Si fuera pura justicia, podría ser al final solo un motivo de temor para todos nosotros. La encarnación de Dios en Cristo ha unido uno con otra –juicio y gracia– de tal modo que la justicia se establece con firmeza: todos nosotros esperamos nuestra salvación "con temor y temblor" (*Fil* 2,12). No obstante, la gracia nos permite a todos esperar y encaminarnos llenos de confianza al encuentro con el Juez, que conocemos como nuestro "abogado", *parakletos* (*cf. 1 Jn* 2,1).

Ayudar a los difuntos en su condición intermedia: el amor puede llegar hasta el más allá

48. Sobre este punto hay que mencionar aún un aspecto, porque es importante para la praxis de la esperanza cristiana. El judaísmo antiguo piensa también que se puede ayudar a los difuntos en su condición intermedia por medio de la oración (*cf.* por ejemplo *2 Mc* 12,38-45: siglo I a. C.). La respectiva praxis ha sido adoptada por los cristianos con mucha naturalidad y es común tanto en la Iglesia oriental como en la occidental. El Oriente no conoce un sufrimiento purificador y expiatorio de las almas en el "más allá", pero conoce ciertamente diversos grados de bienaventuranza, como también de padecimiento en la condición inter-

---

[39] *Cf. ibid.*, 1030-1032.

media. Sin embargo, se puede dar a las almas de los difuntos "consuelo y alivio" por medio de la Eucaristía, la oración y la limosna. Que el amor pueda llegar hasta el más allá, que sea posible un recíproco dar y recibir, en el que estamos unidos unos con otros con vínculos de afecto más allá del confín de la muerte, ha sido una convicción fundamental del cristianismo de todos los siglos y sigue siendo también hoy una experiencia consoladora. ¿Quién no siente la necesidad de hacer llegar a los propios seres queridos que ya se fueron un signo de bondad, de gratitud o también de petición de perdón?

Ahora nos podríamos hacer una pregunta más: si el "purgatorio" es simplemente el ser purificado mediante el fuego en el encuentro con el Señor, Juez y Salvador, ¿cómo puede intervenir una tercera persona, por más que sea cercana a la otra? Cuando planteamos una cuestión similar, deberíamos darnos cuenta de que ningún ser humano es una mónada cerrada en sí misma. Nuestras existencias están en profunda comunión entre sí, entrelazadas unas con otras a través de múltiples interacciones. Nadie vive solo. Ninguno peca solo. Nadie se salva solo. En mi vida entra continuamente la de los otros: en lo que pienso, digo, me ocupo o hago. Y viceversa, mi vida entra en la vida de los demás, tanto en el bien como en el mal. Así, mi intercesión en modo alguno es algo ajeno para el otro, algo externo, ni siquiera después de la muerte. En el entramado del ser, mi gratitud para con él, mi oración por él, puede significar una pequeña etapa de su purificación. Y con esto no es necesario convertir el tiempo terrenal en el tiempo de Dios: en la comunión de las almas queda superado el simple tiempo terrenal. Nunca es demasiado tarde para tocar el corazón del otro y nunca es inútil.

Nadie se salva solo: mi intercesión nunca es algo ajeno para el otro

Así se aclara aún más un elemento importante del concepto cristiano de esperanza. Nuestra esperanza es siempre y esencialmente también esperanza para los otros; solo así es realmente esperanza también para mí[40]. Como cristianos, nunca deberíamos preguntarnos solamente: ¿Cómo puedo salvarme yo mismo? Deberíamos preguntarnos también: ¿Qué puedo hacer para que otros se salven y para que surja también para ellos la estrella de la esperanza? Entonces habré hecho el máximo también por mi salvación personal.

Nuestra esperanza es también esperanza para los otros

---

[40] Cf. ibid., 1032.

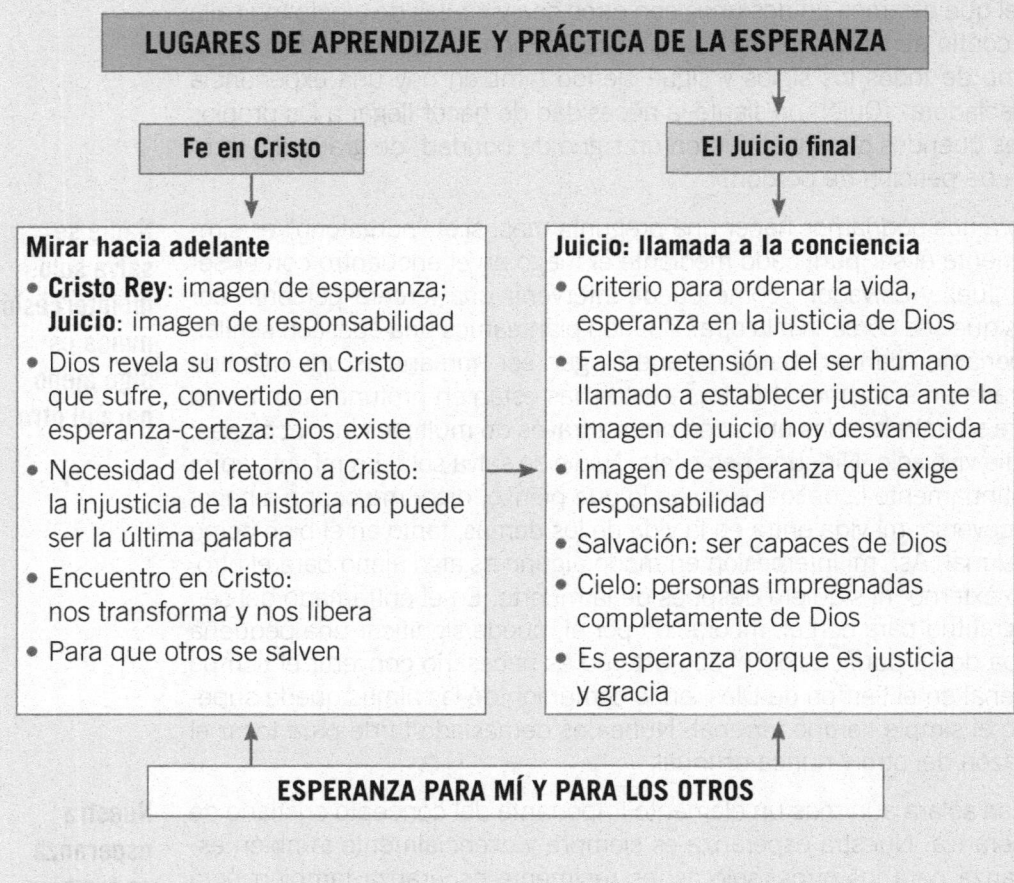

LUGARES DE APRENDIZAJE Y PRÁCTICA DE LA ESPERANZA

Fe en Cristo

El Juicio final

Mirar hacia adelante

- **Cristo Rey**: imagen de esperanza;
  Juicio: imagen de responsabilidad
- Dios revela su rostro en Cristo que sufre, convertido en esperanza-certeza: Dios existe
- Necesidad del retorno a Cristo: la injusticia de la historia no puede ser la última palabra
- Encuentro en Cristo: nos transforma y nos libera
- Para que otros se salven

Juicio: llamada a la conciencia

- Criterio para ordenar la vida, esperanza en la justicia de Dios
- Falsa pretensión del ser humano llamado a establecer justica ante la imagen de juicio hoy desvanecida
- Imagen de esperanza que exige responsabilidad
- Salvación: ser capaces de Dios
- Cielo: personas impregnadas completamente de Dios
- Es esperanza porque es justicia y gracia

ESPERANZA PARA MÍ Y PARA LOS OTROS

Los lugares de la esperanza II: el Juicio final

Nos fijamos en el Juicio de Dios, no con temor sino con la certeza de que es la máxima expresión de la justicia y la gracia de Dios, es decir el cumplimiento de nuestra esperanza.

El evangelio de Mateo (16,26) nos habla de la verdadera recompensa y riqueza nos espera tras el Juicio, que Jesús prometió al buen ladrón (*Lc* 23,43) en forma de paraíso. El que practica la verdad viene a la luz (*Jn* 3,17-21).

El *Catecismo de la Iglesia Católica* nos habla del uicio que proclamamos en el Credo (668-679) y del juicio particular (1021 y 1022). Esta parte de la encíclica ayuda a reconocer el Juicio como lugar de aprendizaje y ejercicio de la esperanza.

Diez claves de la *Spe salvi* de Benedicto XVI [10]

10. El Juicio final, puesto en relación con "el reconocimiento de que la injusticia de la historia no puede ser la última palabra en absoluto", es el último lugar de aprendizaje y práctica de la esperanza que se nos propone. No es el hombre quien puede hacer justicia absoluta, sino solo Dios, y Dios no falla. En Cristo, Dios "revela su rostro precisamente en la figura del que sufre... y comparte la condición del hombre abandonado por Dios, tomándola consigo. Este inocente que sufre se ha convertido en esperanza-certeza: Dios existe" (n. 43). La justicia es el argumento más fuerte a favor de la fe en la vida eterna, y lo es en cuanto justicia absoluta o final contra las injusticias de la historia (n. 43). Solo Dios puede crear justicia absoluta para todos, sin provocar miedo en los hombres, pero sí responsabilidad ante ese día y hora (n. 44). La gracia no excluye la justicia. Eso sí, la abre plena de oportunidades a la salvación. María es la estrella de la esperanza definitiva junto a Dios (nn. 49–50). [Hermosas y atrevidas palabras en la pluma de Benedicto XVI –añado por mi parte–. Y una segunda observación personal. Ahora sí se atiende a la justicia histórica como clave de nuestra justificación final, pero no en cuanto a si nos hemos comprometido activamente con ella, sino en cuanto al fracaso que introduce en la historia y que la esperanza en Dios no puede reconocer definitivo. Es una asunción demasiado idealista, creo. A mi juicio, hubiese ganado mucho el texto si hubiese hablado en clave, también, del valor del compromiso cristiano por la justicia como testimonio de su esperanza].

José Ignacio Calleja

👁 Leo personalmente y con atención el texto.

✏ Subrayo aquello que más me llama la atención y quiero destacar. Al final elijo tres frases. Están en los números _____ _____ _____.

? Pongo un signo de interrogación en las frases que me cuestionan, que quiero aclarar, que no sé cómo llevarlas a la práctica, que no entiendo... Al final elijo tres. Están en los números _____ _____ _____.

¡! Pongo un signo de admiración en las frases que son muy sugerentes y me iluminan para la acción posterior. Al final elijo tres frases. Están en los párrafos _____ _____ _____.

👤 Saco conclusiones para la acción en los ámbitos en que nos movemos.

1. _____

2. _____

■ **Oramos juntos**

Vislumbrar lo invisible

Esperanza no es esperar volver a lo de antes.
No es convencerse de que al final del camino
habrá un juez inmisericorde.

Esperanza no es pensar que este tiempo,
que esta vida, es un paréntesis.

No es cerrar los ojos y hacer como que nada pasa,
como que no habrá un final.

Esperanza no es un amanecer continuo,
no es una calma constante.

Esperanza es vislumbrar lo invisible.
Esperanza es reto, es reconocer lo cierto en lo incierto.
Esperanza es confianza, es abrirse
a una Palabra que no es propia.

Esperanza es esperar, pero no lo conocido
sino lo inesperado, que, a veces, ya está ocurriendo,
porque el Señor camina siempre con nosotros.

Adaptación de una oración de **Óscar Cala**

■ **¿Cómo vivimos?**

▶ Compartimos en grupo nuestro trabajo personal.

  ■ ¿Qué hemos descubierto?

  ■ ¿A qué conclusiones llegamos?

  ■ ¿Qué aplicaciones podemos hacer a nuestra tarea como evangelizadores?

Conclusiones y aplicaciones
•
•
•

▶ Profundizamos y concretamos:

  ■ ¿Cómo crees que ha influido la referencia al Juicio final en el transcurso de la historia? ¿Cómo influye ahora? ¿Por qué?

_____

_____

- Dice el papa Benedicto: «un mundo que tiene que crear su justicia por sí mismo es un mundo sin esperanza». ¿Qué pensamos de esa frase?

_____

_____

- Después de profundizar en lo que dice el papa Benedicto sobre el Juicio final, ¿cómo lo imaginamos?

_____

_____

- Si el Juicio final es la imagen más decisiva de la esperanza, ¿cómo lo imagina cada uno? Lo concretamos en una imagen

_____

_____

- Respondemos a la última pregunta que formula el Papa: «¿Qué puedo hacer para que otros se salven y para que surja también para ellos la estrella de la esperanza?».

_____

_____

■ ¿Qué podemos hacer y cómo?

▶ Concretamos líneas de acción en los diversos ámbitos en los que estamos.

¿Qué podemos hacer?	¿Cómo?
•	•
•	•

Aunque hay algunas canciones sobre el Juicio final, las hemos desechado y hemos elegido esta sabiendo que, como resume el Papa, «habré hecho el máximo también por mi salvación personal» cuando hago que «otros se salven y... que surja también para ellos la estrella de la esperanza» (*SS* 48).

▶ Ver el vídeo oficial y escuchar la canción en www.e-sm.net/223738_8.

Fe y esperanza viva

**Y andaremos por el mundo con fe y esperanza viva
celebrando, cantando sonriendo, luchando por vida.**

Y vamos a celebrar a nuestro Dios de la vida.
La mesa de la unidad para todos está servida.
Y vamos a sonreír junto al niño y al hermano.
Y a aquel que nos necesita, vamos a darle la mano.

**Y andaremos por el mundo con fe y esperanza viva
celebrando, cantando, sonriendo, luchando por vida.**

Y ahora vamos a cantar con toda nuestra garganta
porque le estamos cantando al Dios de la alabanza.
Nos vamos a organizar con fuerza y sabiduría
y seguiremos cantando y luchando por la vida.

**Y andaremos por el mundo con fe y esperanza viva
celebrando, cantando, sonriendo, luchando por vida.**

- Relacionamos el contenido de esta canción con lo que dice el papa en estos números de la encíclica. Son muchas las palabras y expresiones que lo traducen. Lo comentamos.
- Comentamos también y hacemos nuestro el estribillo, que resume todo.

PARA ORAR E INTERIORIZAR

Tú eres esperanza

A ti, Señor, levanto mis ojos
a ti que habitas en el cielo
y entre los hijos de los hombres.

Levanto mis ojos
de donde viene mi esperanza.
La esperanza me llega a borbotones
de tu inmenso amor,
de que no te olvidas nunca de mí.

Mi esperanza es pronunciar tu nombre.
Mi alegría se llama conocerte,
saber de tu bondad infinita,
más allá de donde alcanza mi razón.

Tú eres una puerta abierta,
una ventana llena de luz.

Cuando los hombres me miran
y me preguntan por qué sigo creyendo,
por qué tú sigues siendo mi esperanza,
me digo: «Si te conocieran,
si supieran solo un poco de ti,
si ellos descubrieran lo que tú me has dado,
estoy seguro de que no dirían lo que dicen;
pues tú eres maravilloso
y acoges mis pies cansados...».
Por eso, por todo y por siempre,
tú, Señor, eres mi esperanza. Amén.

Pastoral SJ

49. Con un himno del siglo VIII-IX, por tanto de hace más de mil años, la Iglesia saluda a María, la Madre de Dios, como "estrella del mar": *Ave maris stella*. La vida humana es un camino. ¿Hacia qué meta? ¿Cómo encontramos el rumbo? La vida es como un viaje por el mar de la historia, a menudo oscuro y borrascoso, un viaje en el que escudriñamos los astros que nos indican la ruta.

La vida es como un viaje por el mar de la historia

Las verdaderas estrellas de nuestra vida son las personas que han sabido vivir rectamente. Ellas son luces de esperanza. Jesucristo es ciertamente la luz por antonomasia, el sol que brilla sobre todas las tinieblas de la historia. Pero para llegar hasta Él necesitamos también luces cercanas, personas que dan luz reflejando la luz de Cristo, ofreciendo así orientación para nuestra travesía. Y ¿quién mejor que María podría ser para nosotros estrella de esperanza, Ella que con su "sí" abrió la puerta de nuestro mundo a Dios mismo; Ella que se convirtió en el Arca viviente de la Alianza, en la que Dios se hizo carne, se hizo uno de nosotros, plantó su tienda entre nosotros (*cf. Jn* 1,14)?

María, estrella de esperanza, luz cercana que refleja la luz de Cristo

50. Así, pues, la invocamos:

Invocamos a María, Madre de la esperanza

Santa María, tú fuiste una de aquellas almas humildes y grandes
en Israel que, como Simeón, esperó "el consuelo de Israel" (*Lc* 2,25)
y esperaron, como Ana, "la redención de Jerusalén" (*Lc* 2,38).

Tú viviste en contacto íntimo
con las Sagradas Escrituras de Israel,
que hablaban de la esperanza, de la promesa
hecha a Abrahán y a su descendencia (*cf. Lc* 1,55).

Así comprendemos el santo temor que te sobrevino
cuando el ángel de Dios entró en tu aposento
y te dijo que darías a luz a Aquel que era
la esperanza de Israel y la esperanza del mundo.
Por ti, por tu "sí", la esperanza de milenios
debía hacerse realidad, entrar en este mundo y su historia.
Tú te has inclinado ante la grandeza de esta misión
y has dicho "sí": "Aquí está la esclava del Señor,
hágase en mí según tu palabra" (*Lc* 1,38).

Cuando llena de santa alegría fuiste aprisa
por los montes de Judea para visitar a tu pariente Isabel,
te convertiste en la imagen de la futura Iglesia
que, en su seno, lleva la esperanza del mundo
por los montes de la historia.

Pero junto con la alegría que, en tu *Magníficat*,
con las palabras y el canto, has difundido en los siglos,
conocías también las afirmaciones oscuras de los profetas
sobre el sufrimiento del siervo de Dios en este mundo.

Sobre su nacimiento en el establo de Belén
brilló el resplandor de los ángeles
que llevaron la buena nueva a los pastores,
pero al mismo tiempo se hizo de sobra palpable
la pobreza de Dios en este mundo.

El anciano Simeón te habló de la espada
que traspasaría tu corazón (*cf. Lc* 2,35),
del signo de contradicción que tu Hijo sería en este mundo.

Cuando comenzó después la actividad pública de Jesús,
debiste quedarte a un lado para que pudiera crecer
la nueva familia que Él había venido a instituir
y que se desarrollaría con la aportación
de los que hubieran escuchado y cumplido su palabra (*cf. Lc* 11,27s).

No obstante toda la grandeza y la alegría
de los primeros pasos de la actividad de Jesús,
ya en la sinagoga de Nazaret experimentaste la verdad
de aquella palabra sobre el "signo de contradicción" (*cf. Lc* 4,28ss).

Así has visto el poder creciente de la hostilidad y el rechazo
que progresivamente fue creándose en torno a Jesús
hasta la hora de la cruz,
en la que viste morir como un fracasado,
expuesto al escarnio, entre los delincuentes,
al Salvador del mundo, el heredero de David, el Hijo de Dios.
Recibiste entonces la palabra: "Mujer, ahí tienes a tu hijo" (*Jn* 19,26).
Desde la cruz recibiste una nueva misión.
A partir de la cruz te convertiste en madre de una manera nueva:
madre de todos los que quieren creer en tu Hijo Jesús y seguirlo.

La espada del dolor traspasó tu corazón.
¿Había muerto la esperanza? ¿Se había quedado el mundo
definitivamente sin luz, la vida sin meta?
Probablemente habrás escuchado de nuevo en tu interior
en aquella hora la palabra del ángel,
con la cual respondió a tu temor en el momento
de la anunciación: "No temas, María" (*Lc* 1,30).
¡Cuántas veces el Señor, tu Hijo,
dijo lo mismo a sus discípulos: no temáis!

En la noche del Gólgota, oíste una vez más
estas palabras en tu corazón.
A sus discípulos, antes de la hora de la traición,

Él les dijo: "Tened valor: Yo he vencido al mundo" (*Jn* 16,33).
"No tiemble vuestro corazón ni se acobarde" (*Jn* 14,27).

"No temas, María". En la hora de Nazaret
el ángel también te dijo: "Su reino no tendrá fin" (*Lc* 1,33).
¿Acaso había terminado antes de empezar?
No, junto a la cruz, según las palabras de Jesús mismo,
te convertiste en madre de los creyentes.

Con esta fe, que en la oscuridad del Sábado Santo
fue también certeza de la esperanza,
te has ido a encontrar con la mañana de Pascua.
La alegría de la resurrección ha conmovido tu corazón
y te ha unido de modo nuevo a los discípulos,
destinados a convertirse en familia de Jesús mediante la fe.

Así, estuviste en la comunidad de los creyentes
que en los días después de la Ascensión
oraban unánimes en espera del don del Espíritu Santo (*cf. Hch* 1,14),
que recibieron el día de Pentecostés.

El "reino" de Jesús era distinto
de como lo habían podido imaginar los hombres.
Este "reino" comenzó en aquella hora
y ya nunca tendría fin.
Por eso tú permaneces con los discípulos como madre suya,
como Madre de la esperanza.

Santa María, Madre de Dios, Madre nuestra,
enséñanos a creer, esperar y amar contigo.
Indícanos el camino hacia su reino.
Estrella del mar, brilla sobre nosotros
y guíanos en nuestro camino.

Dado en Roma, junto a San Pedro, el 30 de noviembre,
fiesta del Apóstol san Andrés, del año 2007,
tercero de mi pontificado.

Benedictus PP XVI

Después de este proceso, proponemos un encuentro final como resumen de nuestro peregrinaje.

■ Oramos juntos

Hacemos nuestra la oración a María, Madre de la Esperanza, del papa Benedicto XVI.

■ ¿Cómo vivimos?

► Compartimos en grupo nuestro proceso a lo largo todo este tiempo:

- ¿Qué hemos descubierto?
- ¿A qué conclusiones llegamos?
- ¿Qué aplicaciones podemos hacer a nuestra tarea como evangelizadores?

Conclusiones y aplicaciones
•
•
•

► Profundizamos y concretamos:

- Repasamos de nuevo la bula del papa Francisco (ver páginas 15-34). ¿Con qué nueva luz la leemos después de haber profundizado en la *Spe salvi*?

_____

_____

- ¿Qué elementos propuestos en la bula hemos llevado a cabo? ¿Cómo podemos incrementarlos?

_____

_____

- ¿Cuáles no hemos llevado a cabo y cómo podemos recuperarlos?

_____

_____

He aquí una sencilla canción de Semana Santa para celebrar la Pascua de la mano de María, y por lo tanto también una canción para cada día. La canción está interpretada por el veterinario, profesor, escritor, filósofo y teólogo argentino, que además es obispo diocesano de Lomas de Zamora (Argentina), monseñor Jorge Lugones SJ, con la hermana Silvia González HSJ. A la Virgen María, que estuvo junto a su hijo en sus últimas horas, confiamos nuestra vida que cada día celebra la Pascua.

▶ Ver el vídeo oficial y escuchar la canción en www.e-sm.net/223738_9.

Virgen de la esperanza

Virgen de la esperanza, en nuestra marcha danos tu luz.
Queremos ir contigo por el camino que abre la cruz.

**Madre del pueblo, condúcenos por el camino de salvación,
que en nuestra patria reine la paz en la justicia y la libertad.**

Cielo y tierra nueva, esa es la meta de nuestro andar,
somos la Iglesia en marcha, que hacia la Pascua cantando va.

**Madre del pueblo, condúcenos por el camino de salvación,
que en nuestra patria reine la paz en la justicia y la libertad.**

Afirma nuestros pasos, da a nuestros brazos fuerza y valor,
para luchar unidos como instrumentos de salvación.

**Madre del pueblo, condúcenos por el camino de salvación,
que en nuestra patria reine la paz en la justicia y la libertad.**

Sobre cerros y pampas despunta el alba de nuestra luz,
es la luz que trajiste cuando nos diste a tu Hijo Jesús.

- A María aquí se le invoca como "Madre del pueblo". Leemos desde ese título la oración final del papa Benedicto XVI.
- En la canción se pide "que en nuestra patria reine la paz". Ademas de "patria" señalamos otras realidades en las que queremos que reine la paz: comunidad, iglesia, barrio...

Estrella de la nueva evangelización

Virgen y Madre María,
tú que, movida por el Espíritu,
acogiste al Verbo de la vida
en la profundidad de tu humilde fe,
totalmente entregada al Eterno,
ayúdanos a decir nuestro «sí»
ante la urgencia, más imperiosa que nunca,
de hacer resonar la Buena Noticia de Jesús.

Tú, llena de la presencia de Cristo,
llevaste la alegría a Juan el Bautista,
haciéndolo exultar en el seno de su madre.
Tú, estremecida de gozo,
cantaste las maravillas del Señor.
Tú, que estuviste plantada ante la cruz
con una fe inquebrantable
y recibiste el alegre consuelo de la resurrección,
recogiste a los discípulos en la espera del Espíritu
para que naciera la Iglesia evangelizadora.

Consíguenos ahora un nuevo ardor de resucitados
para llevar a todos el Evangelio de la vida
que vence a la muerte.
Danos la santa audacia de buscar nuevos caminos
para que llegue a todos
el don de la belleza que no se apaga.

Tú, Virgen de la escucha y la contemplación,
madre del amor, esposa de las bodas eternas,
intercede por la Iglesia, de la cual eres el icono purísimo,
para que ella nunca se encierre ni se detenga
en su pasión por instaurar el Reino.

Estrella de la nueva evangelización,
ayúdanos a resplandecer en el testimonio de la comunión,
del servicio, de la fe ardiente y generosa,
de la justicia y el amor a los pobres,
para que la alegría del Evangelio
llegue hasta los confines de la tierra
y ninguna periferia se prive de su luz.

Madre del Evangelio viviente,
manantial de alegría para los pequeños,
ruega por nosotros.
Amén. Aleluya.

Papa Francisco (*EG* 288)

ÍNDICE